# 「国史」の誕生

ミカドの国の歴史学

関　幸彦

講談社学術文庫

# 目次

「国史」の誕生

## 第四章　「ミカドの国」の歴史学
### ——久米事件とその周辺……138

# 「国史」の誕生

ミカドの国の歴史学

# 序　出会った歴史——「近代」と「中世」

## お札《さつ》のなかの主役たち

　平成以降に、日本の紙幣（お札）に描かれた人物をあげてみよう。一万円札の福沢諭吉、五千円札の新渡戸稲造《にとべいなぞう》と樋口一葉、そして千円札の夏目漱石と野口英世。筆者が子どものころには、板垣退助（百円札）、岩倉具視《いわくらともみ》（五百円札）、伊藤博文（千円札）、聖徳太子（千円札、五千円札、一万円札）といった面々だった。覚えていらっしゃる方も多いだろう。考えてみれば、聖徳太子と、流通量の極端に少ない二千円札の紫式部《むらさきしきぶ》を除くと、かれらはいずれも明治期の政治家であったり、大正期の文化人ということになる。いわば近代日本の功労者たちだった。

　それでは、その明治なり大正の時代には、どんな人々がお札の肖像として描かれていたのだろうか。案外と知られていないのかもしれない。『本邦通貨沿革表』（大蔵省理財局編『通貨関係法規集』付載参考資料）などを参考にしつつながめてみよう。ここには実に多くの歴史上の人物が登場している。大国主命《おおくにぬしのみこと》・日本武尊《やまとたけるのみこと》・神功《じんぐう》皇后・武内宿禰《たけのうちのすくね》・聖徳太子・藤原鎌足・和気清麿《わけのきよまろ》・菅原道真・新田義貞・児島高徳《こじまたかのり》・楠木正成などである。神話上の人物もいれば、古代・中世の時代に活躍した人物も見える。一円券から始まり紙幣の額もさまざまであり、発行された時期も一様ではない。また一口にお札（紙幣）とはいっても、日銀券もあれば、それ以前の国立銀行券もある（植村峻『紙幣肖像の歴史』東京美術）。

おもしろいことに、ここには近世（江戸期）の人物は登場していない。昭和二一年になってようやく、日銀一円券に二宮尊徳《にのみやそんとく》が登場するのみである。どうやら近代の国家は江戸時代があまり好きではなかったようだ。予想されるように、「王政復古」で誕生した明治の国家は、武家を否定した。その意味では幕府（武家）政治の創始者たちは、家康にしろ尊氏にしろ対象の外とされたらしい。もっとも同じく武家出身ながら例外もあった。

右に見える人物たちでいえば、新田義貞・児島高徳・楠木正成といった南朝の忠臣たちである。かれらは建武新政のおり、後醍醐天皇に忠節を尽くした。その行為を明治の国家は大いに称賛した。天皇との政治的距離という点では、近代は歴史上の「中世」、それも特殊な部分に親近感を抱いていたようだ。というのも、肖像入り紙幣の第一号は、この中世南朝の忠臣だった。

国立銀行紙幣・旧券。二円券の表に描かれた児島高徳（左）と新田義貞（部分）

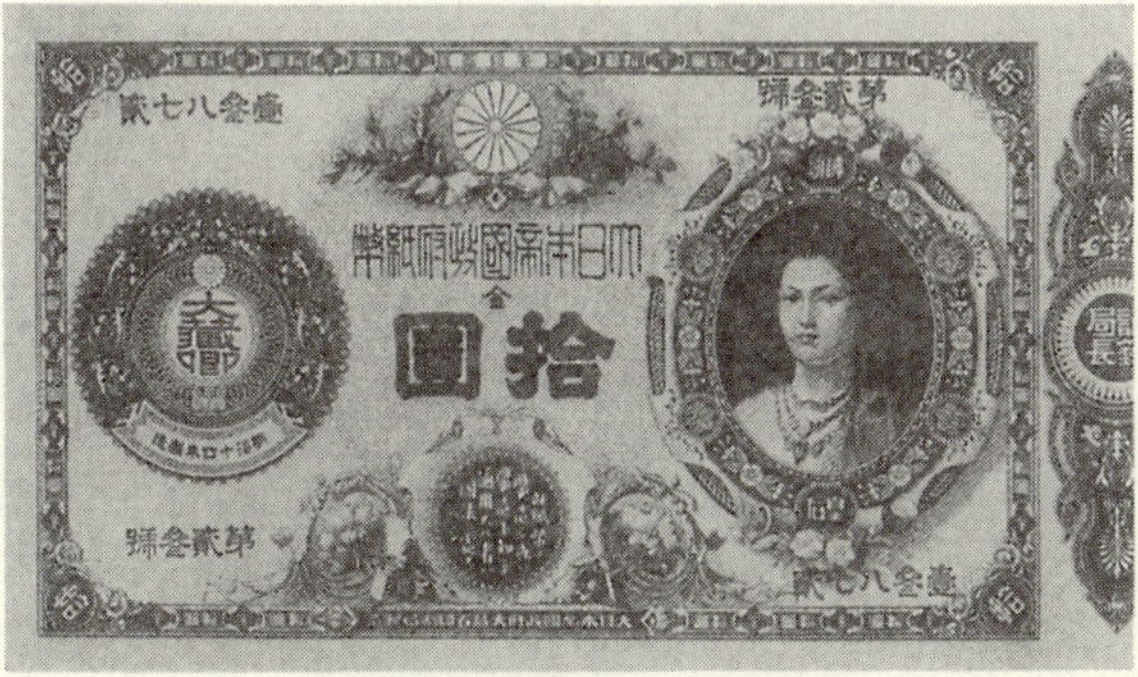


十円券（改造紙幣）　神功皇后

明治六年（一八七三）の国立銀行券（二円券）の表を飾ったのは、新田義貞・児島高徳である。描かれた図柄は、義貞の方は稲村ケ崎での海神奉刀の場面で、また高徳の方は隠岐《おき》配流途上の後醍醐天皇への美作《みまさか》・院《いん》ノ庄《しよう》での漢詩作詠の場面となっている。『太平記』に材を求めた故事をモチーフにしているあたりは、明治初期の〝想い〟が透けていておもしろい。

この〝想い〟ということでいえば、それは紙幣の裏にも現れている。そこには「皇城見付櫓図」が見えている。徳川将軍に代わるべき天皇の居城としての江戸城、そんな意識が投影されているようだ。この明治六年のお札は外注だった。印刷技術の関係でアメリカ製とされている。図柄が洋風で〝バタ臭い〟感じがする。その限りでは、洋風版の義貞であり、高徳ということにもなろうか。

南朝の忠臣と西洋の印刷技術、この何とも奇妙なコントラスト、これこそが近代明治の象徴だった。そこには近代により演出された「中世」があった。しかもその「中世」の忠臣たちは洋風化されることで、近代によみがえったのである。

### 贈位された人々

近代に古代とか中世の時代を〝見つける〟という意味では、お札も一つの例だが、

和気清麿像

楠木正成像

銅像もそうだろう。市街地に人物の銅像を建てる習慣は、実は西欧流の考え方に由来している。これまた近代が「文明」に接することで生み出した「歴史」とのかかわり方の一つということになる。

さて、その銅像についていえば身近なところでは上野公園の西郷隆盛像がある。これは明治三一年の制作で、高村光雲の作品だという。これは〝近代が近代のため〟に建造したものだが、同じ光雲の作品ながら〝近代が中世のため〟に造った作品もある。皇居の外苑にある楠木正成像である。明治三三年に完成したものだ。馬上の正成像は躍動感にあふれている。南朝の忠臣楠木正成は皇居の守護神として、ここに建てられたのである。

この正成像は日比谷公園のそばだが、さら

に大手濠沿いに竹橋方面に向かうと、今度は「古代」を発見できるはずだ。気象庁の向かい側に建てられている和気清麿像である。作者は佐藤清蔵、昭和一五年の作品である。清麿はお札の肖像にもなっているが、知名度からすれば正成ほどではない。が、皇室に対する忠節という点では同様だった。奈良時代の末、孝謙女帝に寵愛された道鏡《どうきょう》が皇位をねらう事件があった。和気清麿はこれを阻止した人物として知られる。その銅像建立の趣旨には、「国体擁護の復奏を讃える」とされている。〝時代〟が見えてきそうな文言だ。

一方の楠木正成像は明治であり、他方の和気清麿像は昭和（戦前）と、時期は隔たっているが、武人・文人それぞれの国家（皇室）の外護《げご》者の代表ということらしい。

これは銅像での話だが、明治の近代国家はこうした勲功者たちを、さかんに〝発掘〟して〝位〟を与えた。いわゆる「贈位」である。対象は国家や皇室のために功績があった歴史上の人物である。この「贈位」の制度は明治元年（一八六八）から昭和一九年（一九四四）まで続けられた。この「贈位」された全人名と事蹟を人名事典風に編纂した書物がある。『贈位諸賢伝』（田尻佐著、昭和二年、国友社。のち改訂増補版、近藤出版社）である。ここには贈位者名とその年月日、さらに贈位のランクが詳しくふれられている。多くは幕末維新の功労者だが、なかには古代・中世の関係者たちも姿を見せてくれる。かれらはまぎれもなくお札の主役たちであり、銅像となった人々だった。

参考までに贈位された史上の人物たちを思いつくままに列挙してみよう。維新功労者では西郷隆盛（贈正三位、明治二二年）、坂本竜馬（贈正四位、明治二四年）、大久保利通（贈従一位、明治三四年）といったところだ。古いところでは、『日本書紀』の編纂で知られる太安万侶《おおのやすまろ》（贈従三位、明治四四年）、古今集の紀貫之（贈従二位、明治三七年）、和気清麿（贈正一位、明治三一年）である。

武士関係では、将門《まさかど》追討の藤原秀郷《ふじわらのひでさと》（贈正三位、明治一六年）、刀《と》伊入寇《いにゅうこう》で活躍した大蔵種材《おおくらたねき》（贈従四位、大正四年）だ。戦国武将も贈位されている。有名なところでは、武田信玄（贈従三位、大正四年）、豊臣秀吉（贈正一位、大正四年）、織田信長（贈正一位、大正六年）といった具合だ。

そして古代・中世史関係者で、最も多いのがやはり南朝の忠臣たちだった。楠木正成（贈正一位、明治一三年）、新田義貞（贈正三位、明治九年）、児島高徳（贈正四位、明治一六年）、北畠親房（贈正一位、明治四一年）等々である。

全部で二千名を超える贈位者数だが、この『贈位諸賢伝』が語る近代の歴史意識をさぐってゆくと、いろいろなことが見えてきそうでもある。このあたりの問題は後に考えることにしたい。

## 本書の構成について

とりとめもないことを述べてきたが、本書の課題は近代の歴史学の成立事情を考えることにある。対象としたのは近代明治期と、この時代を生み出した近世江戸期である。これを史学史的に厳密にトレースすることは、荷が重すぎる。ここでは、あくまで近代国家における歴史学の誕生の諸相を考えることに重点を置いた。わが国の歴史学誕生のルーツを近世にまでさかのぼらせてスケッチしたのも、そんな想いからだ。

本文でもふれるように、近代という時代は、江戸期の知的遺産を受け継いだが、他方では、西欧の学問が急速に流入した段階だった。明治は、その意味で〝既知〟としての江戸期の学問と、〝未知〟なる西欧の学問が、出会う時代ということになる。この出会いを、歴史学という〝場〟でながめるならば、両者の結合がスムースになされたこともあれば、逆に〝摩擦〟をおこしたこともあったはずだ。本書の前半部分は、わが国における歴史学が西欧史学をどのように受容したかを、江戸期以来の考証学の流れとのかかわりで述べたものである。

第一章「「ガリヴァー」の遺産」では、鎖国下の日本が、近代的合理の意識をどのように学問的世界で発芽させたのかという視点で、語ったものだ。

第二章「「ミカドの国」の周辺」では、明治の史学界の状況について、文明史論が歴史学に与えた影響。さらには西欧の実証史学のわが国への定着の模様を論じた。

第三章「「カイザーの国」の歴史学」では、実証史学の移植に寄与したドイツの史家リースを軸に、帝国大学「国史」学科誕生に至る経過を述べた。

本書の後半部は、こうした全体的歴史学の流れのなかで、歴史学界に生じた種々な〝摩擦熱〟について考えることで、近代国家における「歴史学」の意味を追ってみた。

第四章「「ミカドの国」の歴史学――久米事件とその周辺」では、明治後期の久米事件と、この事件を必然化させるに至る国学・漢学両派の〝学争〟ともいうべき内容にふれた。さらに、ここでは江戸期の歴史意識にも言及し、水戸学が近代歴史学に与えた影響を語った。

第五章「「ミカド」から「天皇」へ――喜田事件とその周辺」では、本書のまとめに当たる部分で、近代歴史学の挫折ともいうべき南北朝正閏《せいじゅん》論争をテーマに述べた。近代国家における〝歴史の組み換え〟の状況を語ることで、この国の歴史学の在り方に言及しようとした。

# 第一章 「ガリヴァー」の遺産——近代史学のルーツ

## 1 江戸のなかの西洋

### ガリヴァー船長、そして日本

ガリヴァーは日本にも来た。ご存知だったろうか。一八世紀初頭のことだ。有名な『ガリヴァー旅行記』には一七〇九年にガリヴァー船長が来たことになっている。スウィフト（一六六七―一七四五）が描いたガリヴァー船長の冒険譚に日本のことが紹介されている。

一八世紀の日本は鎖国のなかにあった。ガリヴァーはその閉ざされた江戸期の日本を訪れた。ここではガリヴァーの目を通して、鎖国期日本の学的状況を考えることにする。近世江戸期の学的遺産といってもよい。当然ながら射程には近代日本の歴史学にかかわる問題も入っている。

住人を踏み潰しそうになった小人の国（リリパット）での話、さらには巨人の国

（ブロブディンナグ）や空飛ぶ国（ラピュータ）での話、あるいは馬人の国（フウイヌム）での物語、等々、旅行記には夢がいっぱいである。だが、原作者スウィフトの創作にかかるこの作品は、他方では現実の社会への強烈な諷刺に満ちているともいう。その点ではここに登場する日本も当然ながら諷刺の対象だったことになる。結論を先取りすれば、〝宗教を棄てたオランダを相手とする日本への冷笑〟、こんなところだったかもしれない。

ガリヴァーが「ラグナグ王国」から一五日の航海をへて、「ザモスキ」に到着したのは、五月の下旬のことだったとある。ここから「エド」（江戸）へ入り、「皇帝陛下」に謁見、「ナンガサク」（長崎）へと護送されたのが六月九日。ここからオランダ船で故国イギリスへ帰ったことになっている。この間、彼が見聞したもの、それが日本への〝冷笑〟の中身でもある。

ところで、ガリヴァー船長ことスウィフトの日本に関する知識は、おそらくオランダ経由だったろう。イギリス国教会の司祭でもあった彼は、そのオランダの功利主義を嫌ったらしい。

「オランダ人に課せられている例の儀式、つまりあの『踏絵』の儀式を行うことを私に対して免除するという、陛下の特別のご承諾があれば有難い」

(『ガリヴァー旅行記』第三篇「日本渡航記」岩波文庫)

とのガリヴァーのことばは、他ならぬスウィフト自身のものでもある。交易のためなら信仰も棄てるオランダ人への痛烈な皮肉が見え隠れする場面だろう。〝信仰と交易とは別〟とのオランダ的功利主義は「踏絵」を拒否しなかった。要はその功利的思考に〝感電〟させられている国、これがガリヴァー(愚者)の眼を通じて描き出された「日本」の姿だったのかもしれない。愚かしきオランダを唯一の交渉相手とする愚かしき日本、その様子を「愚者」ガリヴァーを介して略述した内容ともいえる。前述の〝冷笑〟の中身とはこんなところだろう。ついでながら、

「天主教信者ノ日本ニ出入スルヲ絶タントシテ、新法ヲ設ケ、外商上陸ノ時、十字架ヲ出シテ、之レヲ踏マシメタリ、……爾来和蘭人ハ之レヲ踏ミ、難色ナシ……」

(『日本西教史』第二〇章)

との語りからもわかるように、「例の儀式」についてのガリヴァーの知識は史実か

らも、さほど遠いわけでもなかった。

ここでガリヴァーを持ち出したのは、彼が軽蔑してやまないオランダ、そのオランダの学問（蘭学）について語りたかったことによる。「之レヲ踏ミ、難色ナシ」との評に象徴されるオランダ流の即物主義が、わが国の学問に与えた影響という問題である。

## 「富の是認」

ガリヴァーの時代は、日本で〝オランダ学〟が誕生しつつあった。かりにヨーロッパをオランダに代表させた場合、その蘭学なり洋学なりの特質は何であったのか。ここで考えたいのは、ガリヴァーが語るオランダの経済至上主義にたいする諷刺についてである。ウェーバーの説を借りるまでもなく、西欧の新教国家群が、カトリック諸国に比し強大になり得たのは〝富〟の是認にあった。

「オランダの地に田野を開いたのみでは満ち足りず、かれらは帆をあげて地球を経めぐり、太陽の照りわたる限り遥かな不思議の国々を訪れた。（中略）利益のわれらを導くところ、あらゆる海に、あらゆる岸辺に、利得を恋し世界の港を、われらは探る」

これはオランダ最大の詩人フォンデルの詩の一節である。オランダ貿易業者の偉業をたたえたものだという（ドナルド・キーン『日本人の西洋発見』中公文庫）。一七世紀半ばの作品ながら、ここには、「海商人」オランダの人々の「富」「利得」への願望が表明されている。「利得を恋し」の思想ともいうべき内容だ。

鎖国期の日本は、このオランダと出会うことで、「西洋」にふれた。「西洋」とは「文明」の代名詞だった。日本は西洋を文明の象徴とみなし、これを吸収した。「閉の体系」ともいうべき鎖国下、出島という〝点〟を通じての吸収だったが、開国にともなう「開の体系」下の日本は西洋を〝面〟として受け入れることになった（この点、拙稿「日本史教育上の新しい視点」『歴史教育と歴史学』所収、山川出版社、参照）。

ところで、オランダ人の新教についていえば、教会を媒介とせず個人が神と信仰により結合するところに特色があった。その意味では、プロテスタントは、精神の自律を前提としたところから出発した。この自律は個人の責任に還元されるが故に、時として極端に敬虔《けいけん》な信者もいれば、逆の場合もある。スウィフト的な理解に立つならば、踏絵を例にオランダ人を揶揄《やゆ》するガリヴァーは、もちろん前者に、そしてオランダ人は後者という区分けとなる。カネ（富）がカミ（信仰）に優先する時代、それが近代に接する一面だとすれば、オランダはその先駆けだったことになる。

カネを尺度とする合理の思想は、当然のことだが、「事実」を重視する。蘭学・洋学の特質はここにあった。この事実の重さに江戸期の日本が驚いたのは、『解体新書』あたりということになる。五臓六腑に象徴される中国的観念からの解放である。「事実」が「観念」を打ち破りつつある時代、ガリヴァーが来た時期の日本はそんな時代だった。

学問が科学として芽吹くには、この「事実」を素直に受け入れる態度が必要とされる。目に見える現実を現実として受け入れる。ものを等質において量的に見る観点でもある。商人の論理といってもよいかもしれない。近世の日本がオランダを「学」という側面においても受けとめることができたのは、商人を介して富という共通のルールの受信盤が用意されていたからだろう。

指摘されているように近世江戸期は町人の時代でもある。市場経済が全国規模で広がった時代だった。鎖国により国内の経済システムが発展しつつあった段階だったともいえる。オランダを受容し得た主体的条件はここにあった。この国の学問、とりわけ歴史学の在り方を論ずるには、このあたりのことも確認しておかねばなるまい。

## 「合理」の受信盤

とすれば、蘭学的気質が排した「観念」の学（儒学）についてふれておく必要もあろう。蘭学と儒学の両者が、わが国の知的潮流にどう作用したのかという問題である。構図上からは守旧的思想の権化ともいうべき儒学・朱子学から、開明的思想の象徴である蘭学・洋学への移行という流れとなる。この点をふまえるにせよ、一見対極に位置づけられるこの両者の関係である。

人間のあるべき姿、国家の進むべき道、まさに「〜すべき」という価値体系に裏打ちされた学問、これが朱子学だった。「親に孝、君に忠」に示されている秩序の体系であろう。近世江戸期の思想界の基幹は、この朱子学にあった。その点では、学問としての歴史もまた規範化された道学的秩序からは自由ではなかった。別のいい方をすれば、歴史学はそれ自体として成立しておらず、特定の目的への奉仕の学問だった。実用主義的な見方にも通底する。歴史を「鑑」と見、過去の経験を将来の手本と解する考え方に近い。教条主義に立脚した正義（イデオロギー）の体系、これが朱子学だった。大雑把に朱子学の本質について略記すればこんなところだろうか。

こうした表現をすれば、朱子学とはカビ臭い、封建的要素に満ちた学問と考えられやすい。たしかに、朱子学が封建教学としての側面を有していたことは事実である。だが、江戸期の学的遺産からすれば、この朱子学の存在も「近代」への移行には必要だった。その意味では蘭学に対比されるべき朱子学も、近代史学の培養に少なからず寄与したことは疑いない。「物に即し理を窮める」（格物致知）との観点は、しばしば指摘されるように合理的思考の土壌ともなった。

もちろん、近代的「合理」と同一ではないが、そこには実証的・実験的態度も要請されたわけで、朱子学が近代史学の培養に寄与した側面とは、このことと無関係ではない。後述する考証学の気風は、朱子学が有したこの面を継承するものだった。

朱子学の有した合理的・開明的側面、これもまたガリヴァー以後の日本は持っていた。江戸期における知的潮流において、この朱子学と一見対極に位置する蘭学が矛盾なく同居し得た理由もほぼ諒解されよう。〝近代ヨーロッパ〟受容の知的基盤については、こうした場面にも留意すべきなのかもしれない。

蘭学でも朱子学でも〝開明〟という回路で判断すれば、そこに共通するものは、合理の思考だった。その合理の思考（開明思想）の受信装置は江戸の〝胎内〟にもあった。江戸期の〝体質〟自体が右に見た合理の思考を受け入れるべく変わりつつあったからである。ガリヴァー以後の一八世紀は、特にこの傾向が顕著になる時代だった。

## 日本版ガリヴァー

ところで、この一八世紀はわが国でも『ガリヴァー旅行記』に似た書物を登場させている。『風流志道軒伝《ふうりゅうしどうけんでん》』。有名な平賀源内（一七二八―七九）の作品である。この人物についての詳細は語る必要もあるまい。

風来山人《ふうらいさんじん》とも号した源内は、蘭学の徒であった。藩（高松）の命で長崎に留学したこともあり、オランダの博物学への造詣も深かった。江戸に出て林家の門人に列したが、観念の学よりは実学を源内は志向したらしい。和製『ガリヴァー旅行記』ともいうべき、この作品の刊行は宝暦一三年（一七六三）のことだった。おおよそ田沼時代のころだ。オランダ学が江戸の胎内で成長しつつあった時期である。源内はその見本だったと解することができる。

世間をすねた江戸の講釈師深井志道軒の伝記というポーズで書きあげられた『風流志道軒伝』には、ガリヴァーの世界に対比できる類似性が指摘できる。羽扇を使用しての異国めぐりの構想は、〝空飛ぶガリヴァー〟といったところだろう。作中の主人公浅之進（志道軒）の指導・助言者として風来仙人という源内らしき人物も登場する。同書を一読すれば、わかるように、現実社会への諷刺・批判はなかなかのものだ。

飛行自在の羽扇を授けられた浅之進は吉原をはじめとする遊里をめぐり、続いて諸外国へと出かけ、大人国・小人国・長脚《ながあし》国などの珍国や天竺・阿蘭陀・朝鮮・中国その他をめぐり故国日本へ帰るというストーリーである。

「例の羽扇に打ち乗りて　蝦夷・琉球はいふに及ばず、莫臥爾《もうる》・占城《ちゃんぱん》・蘇門塔剌《そもんだら》・浡泥《ぼるねら》・百児斉亜《はるしや》・莫斯哥米亜《むすこうびや》・琶牛《べぐう》・亜剌《あら》敢《かん》・亜爾黙尼亜《あるめにや》・天竺《てんぢく》・阿蘭陀《おらんだ》を始として……」

（日本古典文学大系『風来山人集』岩波書店、所収）

平賀源内

『風流志道軒伝』の一節だが、ここに挙げられた国々を、和製ガリヴァーの浅之進は訪れたことになっている。ちなみに、これらの国名は『和漢三才図会《わかんさんさいずえ》』や『増補華夷通商考《かいつうしょうこう》』にも見えるものだという（城福勇『平賀源内』吉川弘文館）。スマトラ・ボルネオ・ペルシャ・モスクワ・アルメニア等々の地名・国名も散見し、興味深い。

源内の非凡なる発想の源は、実学に裏打ちされた好奇心だった。ここには情報量の限界はあるにしても、オランダ経由の世界観が垣間見える。長崎での蘭学、江戸林家での儒学も源内の強烈な個性の前には色あせるものがあるが、韜晦《とうかい》の人ならではの皮肉は、スウィフトに一脈通ずる。「賢者あれども登庸《あげもちゆる》こと知」らない世間への批判、スウィフトに対比されるべき源内の心底をのぞけば、こんなところだったのかも。

それにしても江戸の胎内に「ガリヴァー的世界」を見出し得るのは、おもしろい。開明論者源内の多才さが、人文・社会科学の方面に接ぎ木されるには、さらなる時間が必要だったが、合理の思考は日本にも源内に代表される人物を生み出した。ここではこの点さえ確認できればよい。

**江戸期のリアリスト**

話題をもとに戻そう。近世の学問、歴史学に関する問題である。もっとも、教科書風の近世学問（史学）史は別に譲りたい。林羅山も新井白石も、あるいは本居宣長《もとおりのりなが》もさらには頼山陽《らいさんよう》も、とりあえずは外に置きたいと思う。ここでは近代史学へ流入する江戸の知的潮流について別の角度で考えておこう。現実重視の学的系譜という場面で、近代の歴史学の〝養分〟となり得た思想家、この視点から考えたい。歴史学との接点でいえば、源内ほど遠くはないにせよ、「実」の重みを、学問の中に吸収した人に山片蟠桃《やまがたばんとう》（一七四八―一八二一）がいる。

学問・思想のストライクゾーンからは、歴史学の場面にも接する。その意味で「学」としての歴史への支えになり得る作品、それが蟠桃の『宰我《さいが》の償《つぐのい》』だった。有名な『夢の代《しろ》』の祖型だとされる（杉浦明平編著『江戸期の開明思想』社会評論社）。

大坂学派と称せられる町人学者、これが蟠桃だった。江戸後期の町人の合理の考え方は学問の世界にも投影されている。端的にいえば蟠桃の出現は、このように理解できる。町人の台頭という時代の流れが、近世江戸期の内部に新しいタイプの思想家を誕生させたのだった。

近代への学問的・思想的〝鍬入れ〟をどの局面で解するかは議論もあろう。が、蟠桃に関しては、その思想面での論理の〝耕し方〟は鋭角的だった。その鋭さとは〝自己の眼〟で見極めることだった。そこには商人・町人の視線《まなざし》があった。これが彼にとっての合理だったのだろう。近代への〝鍬入れ〟とは、この合理的思考が個人のレベルでどれだけ自覚化され、集積されているかということだろう。

「『日本記』、応神までの事は完を得べからず」、「国の開闢は書によるものと知るべし」「死したるものはその屍を土に埋むといへどもその寒をしらず、火にて焼くといへどもその熱をしらず、何の体をもってか極楽の楽しみも地獄の苦しみも受くべき」

「それ君と云ふものは、臣民ありて後、臣民よりしてこれを君と云ふ、臣民なくして自から称して君と云ふにあらざるなり」　（『宰我の償』）

大坂商人の合理の意識は、蟠桃に示された徹底した現実主義者を育んだ。朱子学でも、あるいは蘭学でもない。ある種の学脈からの自由さとでも表現できる内容だろう。蟠桃の号（両替商升屋の番頭）が語る町人としての出自の新鮮さ、という彼自身に付随する魅力もさることながら、最大の魅力はやはり彼が語る学問・思想の〝耕し方〟だった。

タブーへの挑戦という点では、右に紹介した神武否定説から仏教輪廻説や鬼神存在説の否定、さらには君主中心主義への疑義と、いずれもが平明な論理で、迷信を打ちくだいている。合理の利刃は〝耕し方〟という方法論（啓蒙の方法）に加えて、開拓すべき〝耕作地〟（啓蒙すべき分野）にも、〝鍬入れ〟を可能とさせたのだろう。天皇及び宗教にかかわる分野はその最たるものだった。蟠桃の真骨頂はこのあたりかもしれない。

彼が学んだ懐徳堂《かいとく》（大坂の町人たちの出資で享保九年〔一七二四〕に設立）には、中井《なかい》竹山《ちくざん》がおり、朱子学的合理主義の影響はこれによる。さらに天文学の麻田剛立《あさだごうりゅう》への師事とともに、大槻玄沢《おおつきげんたく》ら蘭学者との親交は科学的思考を醸成させたようだ。その意味では蟠桃の自由で現実的な学風は、「理」を極める朱子学的思考と、事実重視の蘭学的思考の〝合体〟でもあったことになる。町人の時代を文字通り体現した蟠桃の登場は、江戸という時代がその胎内に育むこととなった開明化の象徴といってもよい。

ガリヴァー以後、近世の学的事情は、明らかに変化をきたしていた。江戸期の学的遺産について、〝オランダ〟学の消化の過程を軸に論じてきたが、総じて近代日本の学的諸相を考える上での前提と理解していただきたい。ただし、本書の主題である歴史学固有の問題についていえば、これまで指摘した諸点は、依然として大枠でしかなく、焦点の絞り込みが必要となるはずだ。

次の課題はその焦点を考証学から考えてみよう。

## 2　江戸期の考証学

### 「米ハ米、豆ハ豆」

歴史における「事実」の尊重、これが当然視されたのは、江戸も後期のことだった。〝オランダ〟学の受容の過程と、受信するための学的条件についてはすでに述べた。

その「事実」尊重の精神を学問（歴史）に植えつけた人物の一人が荻生徂徠《おぎゅうそらい》（一六六六―一七二八）だった。広く儒学に立脚しつつも、名分主義の道学（朱子学）的史観を嫌ったのが徂徠である。学問としての歴史が、名教主義的発想を脱する上での功労者といってもよいだろう。彼の学脈は古学とも、あるいは古文辞学《こぶんじがく》ともよばれた。最終的には考証学へと流入・合体する上での、学脈上の分水嶺ともいうべきものが、徂徠の学問ということになる。

ガリヴァーが訪れた一八世紀の日本は、近代史学の源流ともなるこの考証学が、古学・古文辞学とのかかわりで誕生しつつあった時代であった。正閏論《せいじゅん》なり、王覇論なりの〝観念の眼鏡《めがね》〟が、批判され始めた時期だった。古文辞学は字のごとく、古《いにしえ》の原典を重視し、これへの回帰を提唱することで誕生した。その意味で、徂徠学の登場は、考証史学へのバイパスを提供することにもなった。

たしかに、徂徠は「理」を偏重する朱子学を批判した。その傾向として、人間の個性の可変性を重視しすぎるためだった。司馬遼太郎風の表現をかりるなら朱子学では、〝豆も米になれ〟〝米も豆になれる〟とするものだった。個人の徳行を政治の効果に先行させる考え方なのである。どんな人間でも修養により、立派になり得るし、この立派な徳目あふれる人間集団が社会を、そして国家を形成することで、天下は治まるとの考えである。「修身・斉家・治国・平天下」的な徳目拡大主義と表現できる。

しかし、この「理」による厳粛・理想主義では現実に対応し得ないというのが、徂徠の立場だった。すべての存在は無限に分裂する個（「活物」）であり、それ故に人間の個性も「理」で変えることはできないとする。〝米はあくまで米〟であり、〝豆は豆〟ということになる。ドライ主義ということになろうか。

「気質ハ天ヨリ稟得《うけえ》　父母ヨリウミ付候事ニ候。気質ヲ変化スルト申候事ハ宋儒ノ妄説ニテ、ナラヌ事ヲ人ニ責候無理之至ニ候。気質ハ何トシテモ変化ハナラヌ物ニテ候。米ハイツ迄モ米、豆ハイツマデモ豆ニテ候」

（『徂徠先生答問書』日本古典文学大系94『近世文学論集』）

ともかく「理」で社会や政治の制度、はては個人の資質・徳行までも一元的に解する宋儒（朱子学）の教えを疑った。「朱子流ノ理学、又大キナル害ナリ」（『太平策』）と、徂徠は語る。彼のこうした現実主義的発想は、一方で政治・制度に代表される法的側面の重視を通じ、国家の秩序を維持する方向にも向かう。その限りでは、「豆ハ豆」にしかなり得ない民衆を、統治・支配するための論理をも併有していたと理解される。

その徂徠は、歴史について、「学問ハ文字ヲ知ルヲ入路トシ、歴史ヲ学ブヲ作用トスベシ」（『太平策』）と指摘する。有名な「学問ハ歴史ニ極マリ候」（『答問書』）との表現も、こうした文脈で理解すべきなのだろう。要は徂徠の学は儒学における〝歴史学派〟とでもよぶべき存在だった。

話をそろそろ一九世紀に進めたい。

〝商い〟の論理が、徂徠の学問にふれたとき、冷徹な事実で世相を見つめる町人たちの学問も生まれた。すでにふれた山片蟠桃の世界もそうだった。さらにいえば、徂徠の経験的・言語学的方法は国学にも継承された。原典主義への回帰ともよぶべき、史料重視の方向性は、中国の古典から日本の古典への関心をよびおこした。しばしば指摘されるように、国学の〝古道〟とは「漢意《からごころ》」に染まる以前の具体的精神のことだ。古典（史料・古文辞）の重視は、学的な探究の源を、中国から日本へと移行させることにもなった。

　学流の上での国学は、儒学あるいは蘭学と並べ得る大きな潮流だった。「漢意」を排する国学的思想は、「日本」を「学」として発見しようとする立場だ。

　国学にはそれが行きつく復古神道的流れもあったが、他方で「実」によって、物事を見極めようとする流れもあった。例えば伴信《ばんのぶ》友《とも》（一七七三―一八四六）である。明治近代史学の祖、重野《しげの》安繹《やすつぐ》（一八二七―一九一〇）が敬慕したのが、この信友だった。彼の学は世上、考証学とよばれる。むろん考証学自体は漢学（儒学）の一流であり、中国の清朝を源流とする。ここに信友の学問が、考証の学と称される

荻生徂徠

のは、精緻かつ博覧多識の研究姿勢によっている。その限りでは、ほぼ同世代の平田《ひらた》篤胤《あつたね》（一七七六―一八四三）とは好対照だった。

ともに本居宣長《もとおりのりなが》（一七三〇―一八〇一）の死後の門人ながら、国学が内包した二つの方向性を、この両人は体現したといってもよい。篤胤は学問以上に思想家として、〝運動〟の世界に結合していった。「尊王」というナショナリズムへの方向性である。他方の信友は、学問それ自体のなかに沈潜した。

両者に代表されるこうした二つの方向性は、国学のみならず、儒学（漢学・朱子学）にも共通する。この点はしばらくおくとして、その信友の考証至上主義とも表現すべき思考法は、後世の実証主義的歴史観にも連動することは留意されてよい。原典主義への回帰は最終的には、「観念」からの解放を意味する。もっとも、国学者としての彼の立場は「日本」の発見に努めるが故に、時として、「観念」の混入も拒否できないこともあったが、量としては微量だった。

この時期、歴史は「学」として自己を主張し得てはいなかった。国学の一部として、あるいは儒学（漢学）の一部として、存在していたにすぎない。しかし、考証学が既存の学的体系のなかに自己の居場所を定め得たことは、その後の近代歴史学の誕生にとって、大きな意味を有した。

近世江戸期の学問状況として、蘭学（西洋学）、儒学＝朱子学（東洋学）、そして国学（日本学）の三者の関係を略記した。その底流にあるのは、考証なり実証なりの証拠主義への志向であったことは認めてよいだろう。近代史学を考えるうえで、この史料にもとづく証拠主義は、重要となる。

同じ考証史の脈流でも儒学（漢学）系の場合はどうか。こちらこそが、考証学派の本家・本元ということになる。今風にいえば、テクスト・クリティークに近い。書誌学・訓詁学を含めた厳密な考証の姿勢、これが清朝考証学の真髄ということになる。

## 鷗外、抽斎を語る

以下では、渋江抽斎《しぶえちゅうさい》という人物を介し、この考証学に関し、雑談風に考えたい。抽斎についてはご存知の読者もいるであろう。森鷗外（一八六二─一九二二）の史伝『渋江抽斎』は有名だろう。鷗外により、発掘されたとも表現できるこの人物をつうじ、一九世紀江戸の学的風景を代弁させておこう。

一八〇五─五八、江戸時代後期、江戸神田在住の医者、儒者、考証学者、父は允成《ただしげ》、母は縫、幼名は恒吉、字は道純《どうじゅん》、抽斎と号した。津軽藩江戸定府の医官、医学の師は伊沢蘭軒《いざわらんけん》・池田京水《いけだきょうすい》。また市野迷庵《いちのめいあん》・狩谷棭斎《かりやえきさい》から書誌学を学び、森枳園《もりきえん》とともに『経籍訪古志』八巻（のち明治一八年、清国で刊行）を著した。その学風は「攷古《こうこ》博渉《はくしょう》」にあった。善本を求め文字の異同を正し、聖人の道に追いつこうとした。晩年には三教（儒・仏・道）の帰一を唱えた。

抽斎に関しての略歴を辞典風に記すとこんなところだろう。医にして儒を兼ねた市《し》井《せい》の考証学者、これが抽斎だった。ここでの関心は、その考証学者としての面にある。考証学派の泰斗《たいと》、狩谷棭斎（一七七五―一八三五）に学んだとされるその学問とは、どんなものだったのか。

以下の引用は、発信源を鷗外の作品に求めている。いわば、鷗外経由の考証学者渋江抽斎像でもある。

「我国における考証学の系統は、海保漁村にしたがえば、吉田篁墩《こうとん》が首唱し、狩谷棭斎がこれに継いで起こり、もって抽斎と枳園とにおよんだものである」
（「その五十四」）

鷗外は『渋江抽斎』（岩波文庫版）でこう語っている。さらに続けて、棭斎の学流として市野迷庵、伊沢蘭軒の両人の名も挙げている。抽斎の師ともいうべき、この人たちの名は前にふれた辞典風の記述のなかに顔をのぞかせている。

抽斎が継承したとされる師の迷庵の考証学について、鷗外の語るところをさらに見てみよう。やや長文でもあり略しつつ引用する。

「迷庵はこういった。……儒者は孔子をまもりてその経を修むるものなり。ゆえに儒者の道を学ばんと思はば、先づ文字を精出して覚ゆるがよし。……漢儒の注解はみな古《いにしえ》より伝受あり。自分の臆説をまじへず。故に伝来を守るが儒者第一の仕事なり。……宋のとき程頤《ていい》、朱熹《しゅき》ら己が学を建てしより、近来伊藤源佐《げんざ》、荻生惣右衛門などと云ふやから、みな己の学を学とし、是非を争いてやまず。世の儒者みな真闇《まつくら》になりてわからず。余もまた少《わか》かりしよりこのことを学びしが、迷いてわからざりし。ふと解するところあり。学令の旨にしたがいて、それぞれの古書をよむが

森鷗外

よしと思えり」

（「その五十七」）

儒学・朱子学、さらには伊藤仁斎《いとうじんさい》や荻生徂徠の古文辞学の流れが、大局的に語られている箇所である。鷗外はこの迷庵の「読書指南」（文政元年序文）の語りを通じて、考証学の何たるかを説明しようとした。「要するに迷庵も抽斎も、道に至るには考証によって至るよりほかないと信じたのである。もとよりこれは捷径《しようけい》ではない。迷庵が精出して文字を覚えると言い、抽斎が小学に熟練すると言っているこの事業は、これがために一人《いちにん》の生涯を費やすかもしれない」と、語っている。

これは、鷗外経由の考証学についての解釈だが、おそらく正鵠を射たものだろう。

「抽斎は勤王家ではあったが、攘夷家ではなかった。初め抽斎は西洋嫌いで、攘夷に耳を傾《かたぶ》けかねぬ人であったが、……ひそかに漢訳の博物窮理の書を閲《けみ》し、ますます洋学の廃すべからざることを知った。当時の洋学はおもに蘭学であった」

（「その六十一」）

考証の学に従事した抽斎の、もう一つの面を鷗外はこう述べている。彼は勤王派で西洋嫌いだった、とも語っている。だが、抽斎は洋学の必要性にも目を向けた人だ、とも述べている。おそらく当時の知識人の一般的タイプだったろう。「博物窮理の書」として認識された蘭学の書の有用性は、この時期、誰の目にも明らかであった。

## 「蛮学」から「蘭学」、そして「洋学」へ

抽斎も関心をいだいた洋学の面について、もう少しだけ、近代史学の助走という観点から述べておきたい。たとえば幕末の著名な学者佐久間象山《さくましょうざん》（一八一一—六四）である。「和魂洋才」（東洋の道徳と西洋の芸術）の語は広く知られている。松代藩出身のこの人物は、「洋学」の樹立に貢献した。不幸にして尊攘思想の犠牲になったが、思想的足跡は洋学史のうえでもはなはだ大きかった。近代史学への外堀を埋めるという点で、欠くべからざる人物といえる。

一九世紀になると、西洋の実学的学問の優秀さは、かつての「蛮学」の名を払拭させていた。「蛮学」とはポルトガル・スペイン系の学問一般の呼称という意味以外に、中華意識にもとづく蔑称も含意していた。

ガリヴァーが訪れた一八世紀初頭は、オランダとの関係が根づき「蘭学」の名称が一般化する時代だった。そして、抽斎のこの時代は、鷗外も指摘するように、「洋

学」の名も広がる。この「洋学」の語感には価値観が含まれていた。「蘭学」以上にである。「蛮学」―「蘭学」―「洋学」の変化に、「西洋文明」への意識の相違を看取できるようだ。「蛮学」と「洋学」の価値意識は、「蘭学」をはさみ、おそらくネガとポジの関係かもしれない。

すでにふれたが、和製の『ガリヴァー旅行記』ともいうべき、平賀源内『風流志道軒伝』が登場する一八世紀半ばは、この蘭学が市民権を得る段階だった。話がやや後戻りするが、本多利明《ほんだとしあき》（一七四四―一八二一）という経世家《けいせいか》がいた。歴史の教科書にも顔を出している有名な人物である。源内より年下だが、同じく田沼時代の現実主義を体現した経世家だった。その本多利明の作品に『西域物語《せいいき》』がある。

ここでいう西域とは西洋のことである。

「欧羅巴諸国の治道を探索するに、武を用ゐて治むる事をせず」

西洋＝「欧羅巴」の発見が凝縮されている表現といえそうだ。『西域物語』が紹介するヨーロッパには、ロンドンもそしてパリも登場する。そして、そこにはエジプトやローマも含めた、西洋の〝血統証〟について言及されている。「文明」としての血統証を保持する伝統の国＝中国に、勝るとも劣らぬ「欧羅巴」が語られているのである。

右書の出版は一八世紀末の寛政一〇年（一七九八）、まさに蘭学が確立し、さらに洋学へと、新たな価値観が付与されつつあった段階に照応する。

この時期、鎖国下の日本にあっても、オランダ以外の西洋＝「欧羅巴」の存在が、実感となりつつあった。オランダ人になりすましたガリヴァー、そのガリヴァーに象徴された西洋の学的光源は、「蛮学」から「蘭学」に変貌する過程で、日本国の胎内に「文明」の受信盤を用意したと思われる。

本多の『西域物語』はその先駆をなした。いずれにしても、ガリヴァー以後の日本は、鎖国下ではあるが、「欧羅巴」を認知する状況が到来しようとしていた。むろん、学問レベルでのことだが……。「洋学」の語感に込められたイメージを説明するために、やや廻り道をしたのかもしれない。歴史学の話に再び話を戻したい。例の抽斎に代表される、考証学に関しての話である。

## 考証学が内包するもの

元来、考証学における「考証」という行為は、これ自体が目的ではなかった。むしろ学問としての方法上での呼称であり、要は〝真理〟(道)へ到達するための手段でもあった。国学・漢学を問わず、「考証」の目的とするところはここにある。

抽斎の師迷庵が、「それぞれの古書をよむがよし」と述べる「古書」とは、原典主義への回帰でもあった。古書に忠実に、臆測をまじえず考証すること、これが考証学の本質だった。しかし一方ではそうした古書(史料)主義に依拠するあまり、それが手段ではなく目的のごとく考えられる傾向も少なくなかった。その点からすれば、考証史家とは、考証が〝手段〟から〝目的〟へとシフトした人をいう。〝考証のための考証〟という表現はこれを示す。多分に「考証」が、各人の趣味の領域に入る場合も少なくない。

信友や抽斎の考証学はこれと同じではないが、さほど遠くはない。思想性云々でいえば、この両人は激烈な思想家ではなかった。

「史実」それ自体を客観的に考証するという、リアリズムの立場であり、「考証」それ自体が学問の土台だった。その限りでは政治的な運動主義に転化しない冷静さも保持していた。けれども、鷗外も指摘するように「時代は漢儒系と国学系とを問わず、考証の世界に身をゆだねることを許さなかった」。一九世紀の幕末は考証学にとってたしかに岐路の時代だった。

近世後期は「合理」を土台に、「実」を以て語らしめる考証学勃興の時代ということができる。学問と権力の距離関係という面でいえば、現実の政治体制（この場合、徳川の幕藩体制）の擁護及び批判いずれの場合でも、「政治運動」との距離は密接だ。儒学にしろ国学にしろ、あるいは洋学にしろ、距離の相違は、遠近の差でしかない。

だが考証学においては、目的自体が〝考証〟それ自体に内在しているという点で、〝権力〟との関係は単に距離の差のみではない。むろん距離において遠いことは明らかだろうが、これに加えて意識的に無縁であろうとした点だろう。この面が濃厚だった。要は〝権力〟と〝学問〟の別居を、考証学は意識的に体現していた。

考証学のもつこの性格は、底流ながら近代の実証史学にも流入した。〝権力〟との別居は、語る側の判断で学問の〝独立〟とも、〝中立〟とも表現されることがある。語感の響きとしてはまことに快いのだが……。

学問における中立とか、歴史学の独立とかが内包する意味を、もう少し掘り下げたい。実証への志向性は、一方で日本的儒学の本質である大義名分論や名教論と矛盾を生むことにもなる。

## 近代史学の土壌

以下では、歴史とは何かという難しい議論に少しでも近づくための方向として、その考証主義を材料に考えたい。

〝政治〟的世界からの〝独立〟〝中立〟という場合、歴史の叙述に即していえば、道徳的価値判断を加えないという意味である。要は主観が強く出る価値観にもとづく叙述は抑制するということでもある。

誤解のないように付言すれば、主観を持つことが悪いのではない。大切なのは、個人の問題意識（主観）を学問の方法にまで高めているか否か、という点だ。個人の価値判断（政治意識）を史実に内在する論理であるように解する立場も、学問（歴史）の方法としては成熟しているとはいい難い。

その限りでは、朱子学の政治的志向性から「学」としての自己を「考証」というミクロ世界で体現した考証学は、個人の主観と史観を混在させなかったという意味で、近代史学への橋渡しとなった。没政治性あるいは没運動性という、実証主義史学の一面との関連においてであろうが。

この点、例えば頼山陽の史論が、幕末の運動思想に大きな役割を担ったことを考えれば、一層明らかだろう。考証学的世界は、『日本外史』ばりの詩的気分とは異なっている。山陽の詩的体質を〝史〟に体現させた『日本外史』は、考証学と同居し得ないことは明白だろう。

近代史学の学流として、在野史学を代表した山路愛山《やまじあいざん》（一八六四―一九一七）が、山陽的〝詩〟と〝史〟に共鳴しつつ、民権的運動とも接点を持ち得たのは、これらと無関係ではない（拙著『武士団研究の歩み』Ⅰ　新人物往来社）。

頼山陽

他方、愛山の在野史学との対比でいえば、先に若干ふれた重野安繹などは、〝史〟が〝詩〟に通ずる臭気を嫌った。この点で重野は、権力や運動主義からの自立を自覚的におこなった史家だった。官学アカデミズムの祖となる重野の場合、江戸期の考証学的手法を前提に史実の確定に力を注ぐことになる。

「学問ハ遂ニ考証ニ帰ス」（『重野博士史学論文

集』上、雄山閣)、との論考は、この点を端的に物語っている。前述したように幕末の考証史家伴信友への重野の私淑はこれを示している。考証主義は日本の学問界に西欧の実証主義の土壌を用意させた。

やや先走りすぎたが、ここでは近世後期の考証学の出現が近代の実証主義に代表されるアカデミズム史学にどのような影響を与えたかが、理解されればよい。

それにしても、「ガリヴァー」がおとずれた国、江戸期日本の学的物差しは、伸縮自在のようでもある。道学(朱子学)的な鑑戒史観もあれば、国学的古道史観もあった。こうした学的土壌の豊かさが、以後の近代日本の歴史学の「かたち」を方向づけた。その「かたち」を近代史学への帰着点で示せば、実証主義史学の誕生ということにもなる。だが、この実証に至る道筋は思うほどに容易ではなかった。

## 3 近代史学の周辺

### ガリヴァー以降

スウィフトがその作品の主人公「ガリヴァー」に含意させた意図とは別に、ここでは西洋、あるいはその西洋によりもたらされた進歩の象徴と解して話をすすめよう。

「ガリヴァー」を西洋の文明をもたらしたオランダをも代弁させた表現のつもりで用いておく。

ここでは鎖国「日本」が、その内部に保持していた外来への適応能力（ポテンシャル）の論議、さらには、〝近世の海禁政策が広く東洋の〝知恵〟であったとの見方も承知の上で、西洋を拒否した日本の〝知的回路〟の点滅状況を俯瞰したい。

別のいい方をすれば、ガリヴァー的「西洋」が、東洋の小国「日本」に宿した種子の根付き方と表現してもいい。事実主義に立つ〝史〟の種子の行方である。ガリヴァー以後の一九世紀は、この種子が考証学の〝養分〟を吸収し確実に生長する時代だった。

その場合、従来の朱子学による観念的合理主義との関係も射程に入る。極論すれば東洋と西洋の対決により生ずる〝知恵熱〟の行方ということかもしれない。〝知的回路〟とはそんな意味である。かつてのガリヴァーの小さな西洋は、この幕末期には東洋と対抗し得るほどに巨大になっていた。

その朱子学的な史観では、〝人為〟と〝自然〟を一体とみなした。例の一元的発想である。巧みな東洋の〝知恵〟とも称すべき、この朱子学の道学史観のなかで、歴史は長らく〝かくあるべし〟の学問と解されてきた。この〝かくあるべし〟的世界観は、〝ある〟あるいは〝あった〟という現実的世界観の前に確実に変化を招来させるに至ったのである。

一九世紀は、その意味では鑑戒主義的要求が徐々に消え去る時代だった。江戸末期における〝知の水路〟は歴史学に関していえば「開国」により「洋学」が間口を広げて、流入した時代でもあった。「ガリヴァー」の「西洋」が大手を振って歩ける時代が生まれようとしていた。

もはや「欧羅巴」は特殊ではなくなった。学問全般の物差しが、「東洋」から「西洋」へと変化するなか、歴史の学もこれを全身で射程に組み込む状況が生まれた。以下では幕末から明治初期のこうした事情について語りたい。

### 西周と『百学連環』

鷗外経由の抽斎像について述べたのは、さきにもふれたように、考証学との関連を考えたかったからだ。以下で紹介する西周《にしあまね》（一八二九―九七）も、その鷗外と同郷の人だった。鷗外と同じく、津和野出身の彼は、この地が輩出した近代明治の顔であった。

歴史学との関係でいえば、その著『百学連環《ひやくがくれんかん》』は、近代的学問の曙とも表現すべき作品だった。奇妙な書名だが、「encyclopaedia」の訳語である。ここには、幕末オランダに留学した西の学問理念が示されている。字のごとく百学（諸学）の学術上での体系化を試みたものということができる。その眼目は西洋の学問体系の略述にあったといってよい。

よく知られているように、彼は「哲学」の概念をわが国に移植した人物である。明治三年（一八七〇）から同六年ごろにかけて、私塾育英舎《いくえいしゃ》の門下生に講じた講本、これが『百学連環』である。蘭学・洋学を幕府の開成所で学んだ西は、東洋の儒学に、西洋の哲学を対比させ、学問の基礎とみなした。「東土謂之儒、西洲謂之斐鹵蘇比《ヒロソヒ》……其実一也」（「開題門」）と見えるのがそれだ。ともかく『百学連環』で西洋の学問を体系として略説したことは、重要だった。学としての歴史の全体的な位置づけが、西の眼を通してではあるが、ある程度判明するからである。

西周

その依拠するところはフランスの思想家オーギュスト＝コント（一七九八―一八五七）のそれだった。西自身の表現をかりれば、「奥胡《アウク》斯徳《スト》坤度《コント》諸学ノ見象ヲ類次シ……其立論極メテ精シク、其識力極メテ高シ」(「知説」四)とあり、その影響大なるものもあった。が、同著の学問体系論には「欧州ニ在リテ定説アリト謂フニ非ズ」(同)と指摘するように彼の創案にかかるものも多かった。

その『百学連環』によれば学術には「普通学」(Common Science)と「殊別学」(Particular Science)の別があること。前者は「一理の万事に係はる」もの、そして後者は「唯ダ一事に関する」ものだと指摘する。

そして、この「普通学」には歴史・地理学・文章学・数学の四学が、また「殊別学」は「心理上学」(宗教・哲学・政治・経済・統計の諸学問)と「物理上学」(物理・星学・化学・造化史の諸学問)に分けられるという。現代風の学問名辞に意訳したものもあるが、大筋はこんなところだ。ここで留意したいのは、「歴史」が「普通学」の第一位に置かれている点だ。

「学は素より古へを知り、今を知り、彼れを知り、己レを知るを要するか故に　総て諸学を以て歴史と称するも亦可なりとす。」

(「百学連環」第一編『西周全集　第四巻』宗高書房)

ここに紹介した主張は、かつて徂徠が述べた「学問ハ歴史ニ極マリ候」と通底している。西の歴史認識と徂徠との関係に留意すべきだろう。彼が歴史を万学の基礎としたのは、白石以来の儒学派的〝歴史主義〟の気分を継承したためだった。温故知新的な歴史認識に近い。こうした点とは別に、西の歴史に関する考えで精彩を放っているのは、やはり西洋の歴史への洞察だった。すでにふれたコントの実証主義や啓蒙主義に立脚した視点である。

「当今西洋の歴史は civilization 即ち開化を目的とし、之に基きて書き記す。」

との語りはこれを示している。福沢諭吉（一八三四—一九〇一）に代表される啓蒙的な文明史観への開眼ということになろうか。またこの『百学連環』には後世の史学理論に当たるべき内容も盛り込まれ、さらに歴史叙述のスタイル（体裁）に関しても、正史・編年史・年歴篭の別をかかげ史料論に言及するなど、従前にない新しさが見えている。

## 学問と実践

右に福沢諭吉が登場したので、以下、この福沢と西との学問観についてふれてみたい。歴史学云々の主題から若干はずれるが、参考となるはずだ。

あるいはご承知の読者もいるかもしれない。学者職分論をめぐる両人の対立についてである。福沢は『学問のすゝめ』(第四編)で日本の独立維持に関連し、学者の職分を指摘し、学者は官府から独立することを説いた。人民による個人の模範は、学者が率先すべきで、そのためには学者たるものは「官」に入ってはいけないとする。これは明らかに儒教的な学者志向とは異なっている。

儒教の士大夫身分(有産階級)の理想は〝仕官か、隠退か〟であった。福沢にとっての学者の啓蒙(暗愚の民衆を学問で啓発すること)の場は、官ではなく民間＝私にあるべきとする。官に束縛されず「私」にあって自由な立場で発言をすること、これが学者の職分とする。

他方、西にあってはどうか。彼は逆に官を通じて、自己の学問を実践・実現しようとした。そこには儒者的仕官主義の方向も見える。「人々所長を異にし、また志趣を異にす。ゆえにひとしく洋学者といえども、あるいは政府にありて事を助け……」との表現を借用するまでもなく、学者の職分を幅広く解した。福沢との距離はほぼ明らかであろう。

あえて、学者職分論に言及したのは、西の持っている学的体質——当然、歴史学の認識にも関連する——を考えるためだ。彼は終生「官」の人だった。儒の士大夫的風貌の持ち主だったのかもしれない。その意味で福沢と同じ洋学グループでありながら、権力（国家）と学問との相互の関係については異なる方向にあった。

近代の学問界は、福沢的リベラリズムの気風を善しとした。それは〝権力〟なり〝政治〟への関与を「朝」（官）ではなく、「野」（私）の場面でなすことだった。その関連でいえば、明治期の歴史学界の二大潮流ともいうべき「官学アカデミズム」学派と「在野」学派の流れの源流は、このあたりにあったのかもしれない。前者は西の学風を、後者は福沢のそれを受け継いだ。ちなみに西と同郷の人、森鷗外は当然、医の分野では官の軍医として、西の世界を体現しようとした。

福沢諭吉

近代史学の周辺に多少なりともリンクする場面で学問と実践との関係からいえば、こんなところになろうか。

ここで、これまでの総復習をかねて西周に至る近世の学問事情についてふり返ってみよう。まずは〝学〟としての歴史が自己を見出す幕末の状況から。

## 西洋の移植

このあたりの事情を語るには、以前にも若干ふれた佐久間象山なり、横井小楠《よこいしょうなん》（一八〇九―六九）を持ち出す方が早道かもしれない。

幕末の西洋列国の接近への対応は、象山が主張する「東洋道徳・西洋芸術」（この場合芸術は科学・技術も含意）として開始される。既存の社会政治体制への根本的疑問は、まだ浮上していない段階だ。その限りでは西洋への関心は科学・技術の側面ということになろう。ガリヴァーに象徴された〝文明〟としての西洋は、人体にたとえるならば〝肉体〟までで、〝精神〟には至っていない。

だが、次なる段階は社会政治制度を含めた〝精神〟の変革が射程に入る。ここでは既存の儒学が古学（古文辞学）や考証学の養分を前提に、新しい実践学問への対応として現れる。横井小楠が指摘する「国是《こくぜ》三論《さんろん》」は、儒教が含意する「民本主義」ないし「天下為公」の理念が全面に登場している。明らかに社会政治制度への関心の移行を「学」のレベルでどう受信するかが、語られているとみてよい。

幕末における西洋文明にたいする関心は、軍事→科学技術→社会政治制度→倫理道徳という順序を追って深化された（この点、植手通有「明治啓蒙思想の形成とその脆弱性」『西周・加藤弘之』所収、中央公論社）。

蘭学・洋学の摂取は、初期にはたしかに幕藩体制内の潤滑油的機能を有していた。〝商い〟の論理に対応する〝事実〟主義が、杉田玄白あるいは平賀源内さらには山片蟠桃を生み出した。医学にしろ実学にしろこうした側面を有した。開国前後の洋学も、その意味では科学技術主義の延長にあった。

西洋文明への関心が、こうした軍事を含め科学・技術に傾斜していた段階は、社会政治（制度）の変革は日程にのぼってこない。別の言い方をすれば、東洋の知恵たる儒学が、体制の安全弁として作動していたのである。佐久間象山や横井小楠が、体制内変革というレベルに対応した形で儒学を柔軟に解釈する方向性（前述した民本主義や天下為公の観点）は、この点と関係しよう。その意味では、幕末期の学的関心が科学を媒介に、科学技術から社会政治へと推移したとはいえ、依然として彼等の意識は儒教的価値体系と同居していた。

要は社会や政治の制度に対する認識は、東洋の価値観のなかにあったということなのだろう。このことを進歩の象徴たる「文明」主義の尺度で判断すれば、わが国の政治意識は、ガリヴァー的世界を完全に消化していないということでもある。ガリヴァーの西洋は、人文科学の分野にあっては依然として〝巨人〟であったということだろう。ガリヴァーはやはり、束縛されつづけていたのである。

だが、開国にともなう状況は、束縛されつづけてきたガリヴァーを、確実に解放させるに至った。その意味で、西周をはじめ、後の『明六雑誌』グループの啓蒙家たちの社会・政治への光源体は、明らかに西洋にあった。ここでは科学技術はもとより制度・文物さらには倫理道徳に至るまで西洋を飲み込んでいる。

かつてのガリヴァーは日本の学問界にあっても明らかに等身大になってきたのである。儒学の価値体系自体が克服の方向にあるといってもよい。西洋文明の余光は、科学技術とともに社会や政治の体制にまで広がっている。西洋の社会政治体制の優越性の承認、これが〝近代〟の尺度にもつながる。胎内に蓄積されたガリヴァーの遺産が、自己を主張しはじめたのである。〝和製ガリヴァー〟平賀源内、あるいは「経世済民」レベルで西洋を体現しようとした本多利明の夢が、実現したのである。

それでは社会政治体制における〝近代〟とは何か。簡単に表現すれば個人の「道徳」(為政者も含め)を政治の問題に直結させないということだ。換言すれば、「政治」の問題を「制度」の問題として認識するということでもある。

道徳と政治の区別の源流は、すでにふれたように徂徠にあった。西の学問には、この徂徠学が宿されていた。とすれば徂徠学への傾倒が、洋学的西洋文明の注入で合体し、近代的学問体系の移植にも一定の役割を果したことになる。ここにあっても、例の考証学の場合と同様に徂徠学の影響を看取できよう。

## 歴史学の曙

政治制度をふくめ社会秩序が人為の産物だとの考え方は、朱子学の否定へとつながる。社会秩序を宇宙自然の秩序の一部と解する朱子学は、徂徠の学とは一線を画する。

たとえば、元寇のときの〝神風〟を朱子学風に解釈すれば、〝神風〟は宇宙自然の精神の顕れだったと見なすわけで、人間精神が自然の摂理をも動かしたとの解釈だろう。「精神一到、何事か成さざらん」である。あるいは〝豆は米にもなれ〟との発想だ。こうした精神（人為）と自然の連続性を「理」で表現するのが朱子学だった。西はこの点を次のように説く。

「道理と一様に口ではいえど、その実は理に二通りあって、その理が互いに少しも関渉していないということを知らねばならぬでござる。今この区別を示すためにその一つを心理といい、その一つを物理と名づくるでござる。物理とは天然自然の理にして……心理とはかく広いものではなくて、ただ人間上ばかりに行なわれる理……」

（『百一新論』〈巻の下〉）

どうであろうか。前の〝神風〟を西周流に解釈すれば、「理」にも区別があるにもかかわらず、物理と心理を混同し、人間の心力で自然の物理上の力をも変化できるように考えるのは、〝おかしい〟と、こんな言い方になろうか。

要するに「理」とは自然界、人間界を支配する法則や原理だが、それには二つがあったこと。一つは人間界の「理」で、道理なり理性（reason）がこれに該当し、「心理」と表現できること。二つには自然界の「理」で「物理」と呼び得ること、である。西のこの考え方は人文・社会・自然諸科学の関連を理解する上で重要な指摘だろう。現代風に表現すれば「価値」と「存在」の概念上での区別にもつながる。

いずれにしても、近代の西洋学問体系を移植する上で、朱子学の「理」の概念が媒介となっているのは興味深い。つまり〝徂徠学〟を背負い〝洋学〟の杖をつくことで、西周は東洋と西洋の学問を合体させようとした。宗教・思想レベルではなく、あくまで学問という具体的な場でこれをなしたわけで、その限りでは西洋的学問の原形質は、この西によって体現されたと解せられる。

だが、より子細に見れば事情は次のようにも理解される。彼が『百学連環』において「普通学」の第一位に「歴史」を置いたのは、彼が背負った徂徠学との関係も考慮すべきだろう。「学問ハ歴史ニ極マリ候」とするその徂徠の学問だ。西の「諸学を以て歴史と称する亦可なりとす」との主張はこれを雄弁に語っている。ここでの彼の〝歴史〟理解は西洋流のそれとはやや異なっている。学としての歴史についていえば、彼の両足は完全に、ガリヴァー的西洋に乗っかってはいないらしい。

この西による歴史学の万学王者主義とも称すべき観点は、その後、歴史学を西欧的〝眼鏡《めがね》〟で見直すことで変わる。ガリヴァー的西洋の文明主義が等身大として映ずる明治は、歴史学の世界でも、〝近代〟だった。このことは、明治一一年（一八七八）に発表された「日本文学会社創始ノ方法」（『東京学士会院雑誌』第一冊）での学問分類論の〝歴史〟の位置づけからもわかる。

「文数ニ学ハ各ニ科ノ首ニ居ルベシ、固ヨリ文数ニ学ハ諸学ヲ貫通組織スルノ学術ニシテ、心物二理ノ両辺ニ亘ル……譬ヘバ歴史・政事・法律・哲学・経済等ハ人心関係ノ学ニシテ文学ト関渉多ク、固ヨリ各自ノ元理異ニスレドモ略スルヲ得ベシ……」

ここには明らかに西の歴史学への認識をめぐっての変化があったという（この点、大久保利謙歴史著作集6『明治の思想と文化』吉川弘文館、参照）。つまり『百学連環』で主張した基礎学の四学は、文数の二学として、歴史は「普通学」（基礎学）から除かれ、「殊別学」（個別・専門学）とし、政治学・哲学とともに人文科学の一つと位置づけられるに至った。われわれが皮膚感覚で接し得る歴史学が、誕生したことになる。近代歴史学は、ようやく「夜明け」をむかえたのである。

それでは、近代黎明期のこうした歴史学と、従来のそれとの違いとは何であったのか。結局それは、科学的史料学を前提とした歴史学に他ならなかった。強烈な運動主義から解放された自由な叙述、これが近代の歴史学の特質であった。その点でいえば、在来の歴史は一定の価値観を含むことが前提とされた。朱子学的な「理性」の立場にしてもその点では同じだった。歴史それ自体以外の特定目的への奉仕だった。近代歴史学の成立とは、こうした教条主義に立脚したところから離れ、歴史それ自体が対象とされた段階ということができる。

## 「ガリヴァー」から「ミカド」へ

歴史学における〝知の回路〟を、近世の学流とすり合わせると、そんなところとなる。歴史学の知的潮流には、すでに指摘したように幾筋もの流れがあった。その流れのなかで堆積した史学史的〝沃土〟は、近代的諸学問確立の過程で「歴史学」として成長する。この過程は、ガリヴァーに象徴されたオランダ流の「西洋」を受胎することからはじまった。その後の学問事情についてはくり返さない。近代の歴史学は、何度かふれたように、近世に自生した考証学をガリヴァー的西洋と合体することで誕生する。実証主義史学が成立する前史について、大雑把に整理するとおよそ右のような理解となろう。

むろん、西欧流の学問も初期のころは「啓蒙」という形で、歴史の学に寄与した。文明史観と呼びならわされているのがこれであった。啓蒙主義に立脚した初期の歴史学は、多分にガリヴァー的西洋を〝メッキ〟することで成り立っていた。だが、近代の成熟は、西洋という「文明」の光源体を消化しつつ、日本国の内部に新たな光源を見出した。それは「文化」という特殊的・個別的要素として存在していた天皇に源を発するものだった。

近代はこの天皇を「ミカド」という語感でくるみながら再燃させることで、「文明」としてのガリヴァー的西洋に対置させようとした。

幕末期、この天皇は政治の世界で徳川将軍に代位すべき存在として、クローズアップされた。水戸学に代表される「国体」観念の醸成は、尊王思想という形で人々をかりたてた。だが、この水戸学的観念は後にも指摘するように、文明開化期にはガリヴァー的西洋の摂取に急務のあまり、表面化しなかった。

次章以下での課題は、この「ミカド」主義に立脚した近代明治の歴史学界の〝なりたち〟の過程について、語りたいと思う。

# 第二章　「ミカドの国」の周辺——近代明治の学問事情

## 1　開化期の史学事情

### 太陽の子孫たち

『八十日間世界一周』、これまた『ガリヴァー旅行記』と同じくらい有名な作品だろう。作者はジュール・ヴェルヌ、SFの父ともされる。ご記憶の読者も多いだろう。英国の貴族フォッグ卿が八〇日間で世界一周ができるかどうか、友人たちと賭けをし、冒険に出かけるという話だ。じつは、ここにも日本が登場する。明治初期一八七二年ころの日本が紹介されている。ガリヴァーが訪れた日本が鎖国期近世の一八世紀であったこととの対比でいえば、こちらの方は開国期近代の一九世紀のことだった。

一九世紀後半、世界は一つになりつつあった。オランダを媒介にしたガリヴァーの西洋は、その後、「文明」の名において、世界を一つにしていった。後述するが、それはインターナショナリズムとしての「文明」主義と、ナショナリズムとしての「文化」主義の対決を招来した。この点は、しばらくおくとして、ヴェルヌが『八十日間世界一周』で語った〝世界〟とは、まさに文明の利器（汽船あり列車あり）を動員しての西洋的な世界観に他ならなかった。その限りでは、〝点〟としてのガリヴァー的「西洋」がこの時期には〝面〟として広がったとも解し得る。「理性と革命」の一八世紀は、産業革命・市民革命をへて、民主主義と資本主義という人類のルールを誕生させた。一九世紀はこれを享受した時代だった。東洋の小国日本も、当然のことながらこの「文明」を〝進歩〟の象徴とする西洋的世界に組み込まれた。鎖国から開国への過程は、同時に近代明治が誕生する過程でもあった。〝近代〟の概念は何よりも、この人類の普遍的ルールと同居していた。

さて、ガリヴァーの末裔ともいうべき英人貴族フォッグ卿とその一行には、日本はどのように映じたのか。架空の話であることを承知の上で続けよう。カーナティック号で香港から横浜の地に着いたのが一八七二年一一月一三日のことだという。明治五年である。例の西周の『百学連環』の時期でもある。以下はストーリーとは別に、ヴェルヌの日本評をこの作品からつまみ食いしてみよう。

「十三日の朝の満潮時に、カーナティック号はヨコハマの港にはいった。……（中略）ヨコハマは日本帝国の第二の首都である広大な都会エドから少しはなれたところにあり、おなじ名の湾にのぞんでいる。エドはむかし宗教的権威をもたない皇帝、すなわち将軍がいたころの将軍の居城で、神々の子孫である宗教的な皇帝ミカドの住む大都市と対立していた。……（中略）

パスパルトゥー（フォッグ卿の下男）は太陽の子孫たちのすむ、この興味ある土地へ、なんの感激もなく上陸した。……（中略）日本では軍人という職業が、シナで軽蔑されているのとは反対に、大いに尊敬されている……（後略）……」

（田辺貞之助訳〈創元推理文庫〉）

〝日本〟点描とも呼ぶべき場面だろう。ここで興味深いのは、「日本帝国」における「皇帝」の二類型が解説されている点だ。すなわち宗教的権威を持たない「皇帝」＝将軍（ショーグン）と、宗教的な「皇帝」＝天皇（ミカド）の区分である。そして前者の将軍の居城「エド」は、後者の「ミカド」の住む地と対立していたと。

ここには、大雑把ながら、明らかに王政復古によって実現した「宗教的な皇帝」、すなわち「ミカドの国」に関することが指摘されている。ヴェルヌ流に表現すれば、

「太陽の子孫たちの国」でもあった。そして、この「太陽の子孫」(日本の民衆)が、「神々の子孫」(ミカド)を選び、誕生したのが明治の日本ということになる。図式的にいえば、「ショーグン」(将軍)よりも「ミカド」(天皇)を選択したとの理解だ。

## 「ミカド」の語感

冗長ながら、ヴェルヌを持ち出したのはガリヴァーとの対比もさることながら、明治の近代が象徴する「ミカド」について語りたかったことによる(射程には、〝歴史学〟云々が含まれている)。

まずは「ミカド」が有した語感である。ここで前にふれた文明と文化の問題が浮上する。近代明治は「文化」としての天皇を、「文明」としての「ミカド」に仕立てようとしたのかもしれない。結論を先取りすれば、こんな表現もできるだろう。

文化と文明の区別をどの局面で考えるか、種々の議論もある。が、単純にいえば、文化が固有的・地域的・特殊的要素に彩られているのに対し、文明はその対極に位置する、普遍的・国際的・共通的要素という属性がある。この両者が内包する属性は多分に相対的でもあり、文明と文化は相互に重なり合う場合もある。

難しい話を抜きにすれば、「文明」とは、民族や地域(国)を越えてその価値が認められているものだし、「文化」とは逆にその価値が一般的とはなり得ないもの、と解し得る。要は価値理念を〝広がり〟で理解するのが「文明」で、〝深まり〟で考えるのが「文化」ということにもなる。

そこで、本題である。「ミカド」は「文明」だった、という場合の「ミカド」的語感だ。この語感に込められているベクトルは、あくまで「文明的」に加工しようとする方向性だった。つまり、民族的とでも表現し得る天皇という「文化」を、「文明」に変換させる国家レベルの精神装置、これが「ミカド」の概念だったと解しておきたい。ナショナリズムとしての内向的ベクトルが、「文化」としての天皇だとすれば、討幕へのエネルギーにこれが転化したことは明らかだろう。

だが、近代明治が西洋とリンクするためには、自己の「文化」を「文明」へと変換することが要請された。インターナショナル的「文明」主義に「ミカド」の語感がふれると解される理由は、このあたりにある。四捨五入論での物言いだが、以上のように考えたい。

鎖国から目ざめた「太陽の子孫たち」は、〝仮眠〟していた歳月を取り戻すための方策として、まずは「文化」としての「神々の子孫」を選び、これをさらに「文明」化するために西洋的加工をほどこし、「ミカド」とした。『八十日間世界一周』に語られているヴェルヌの日本評に関し、敷衍《ふえん》して述べるならば、右のようになろうか。誤解のないようにいえば、「ミカド」が本質的に有した文化の側面を否定するつもりはない。むしろ、この文化的属性を前提としなければ、「ミカド」的文明主義への方向もわからないはずだ。

いずれにしても、近代の日本は「ミカド」として天皇を演出することで、文明の〝開化〟を実現しようとした。洋服を着て、西洋風のヒゲをたくわえた明治の天皇は、イメージ的には、〝西洋〟そのものでもあった。

この時期、「文化」は「文明」でくるまれていたといえる。天皇の「ミカド」化とは、こんな意味である。

### 文明史の登場

くるまれ方でいえば、学問、とりわけ歴史の学も同様だった。〝啓蒙〟の語に約言される開化主義、それは「文明史観」とも呼称された。明治初期はこの文明史の時代であった。史学史的に表現すれば、この文明史は明治一〇年代を通じ大きな潮流となり、やがて衰退する。以下、ここでの主題は、この文明史について語ることにある。

再び福沢諭吉に登場してもらおう。学者職分論についてはすでにふれた。在野主義の代表であった福沢の史論は『文明論之概略』（明治八年）に指摘されている。

「一国文明の有様は其国民一般の智徳を見て知る可し……」（第五章）

文明を民衆の「智徳」の総和と解する福沢は、新時代「明治」に至る変革の近因を、天明・文化期以降、表面化した「国内一般の智力」だとする。すでに指摘したように、この時期は近世江戸期の学的潮流が成熟する段階でもあった。福沢自身も語るように「本居、平田、馬琴、蜀山人、平賀源内等の輩」が「其才力を伸るに地位なく、して徒に文事に身を委ね」たとしても、かれらが活躍したこの時期が一つの節目となったことは疑いない。

この近因を前提に「嘉永年中の「ペルリ」渡来の事」が引き金となり、幕府を打倒させたのだとする。福沢はまた、こうした「革命の一挙」は「智力と専制との戦争」の結果だとも指摘する。要は「専制門閥に妨げられて己が才力を伸ばすこと能はざる」ことへの批判だった。これを「専制」に対する「智力」の挑戦と認識したのである。

「其目的は復古にも非ず、又攘夷にも非ず、復古攘夷の説を先鋒に用ひて旧来の門閥専制を征伐したるなり。……」（第五章）

との指摘は、この認識を示すものだ。啓蒙家としてのふ、と、こ、ろ、の深さが語られている一節だろう。文明史家福沢の史眼はたしかに鋭い。彼の眼光は明治の新国家に「文明」という普遍性を注入することにそそがれていた。時代は福沢的啓蒙の人を必要とした。その福沢は、これまた有名な『世界国尽』（明治二年）で、「文明開化」の意味を単純化して次のように語っている。

「文明開化とは、都会を開き市町を立て、住居の処を定め、安楽の家に居り、事々物々に順序を違へず……」（「人間の地学」）

文明史論と評される福沢の考え方は同著に表現されている文明開化に至る四段階の区分法からも推測できる。第一が「渾沌」、第二が「蛮野」、第三が「未開」、または「半開」、そして第四が「文明開化」。文明主義に立つ人類発達史観ともいうべき歴史認識の方法でもある。

「文明史」云々でいえば、田口卯吉（一八五五―一九〇五）の『日本開化小史』は、その最たるものだろう。啓蒙という〝運動量〟は福沢に比べ少ないが、それだけに歴史学固有の場面では「文明史」そのものだった。「年代記は歴史に非ず」との田口の精神は、日本の歴史を文明史的観点で把握させる上でも有効だった。「史家の苦辛は、歴代許多《こた》の状態を蒐集するに在らずして、其の状態の本づく所を究尽するに在るのみ」との同著の「自序」に語る一節には、社会進化の法則性への関心が示されている。それは政権の交替と戦争に代わるべき、進歩の意識に対応した社会と文化の変遷に対する叙述の態度だった。「凡《およ》そ開化の進歩するは社会の性なることを知るべし」（第一二章）との指摘はこれを示す。

田口卯吉

『日本開化小史』

よく知られているように彼は大蔵省の役人を経験した。幕臣出身の田口は、同省出仕以前の若い時期、沼津兵学校に学んでいる。明治二年から四年までの時期である。この沼津兵学校といえば、例の西周が教鞭を執ったところである。それはさておき、この地で彼は漢学を中根淑《なかねきよし》に学んだという。「吾友鼎軒田口君、夙《つと》に経済の学に通じ、史を観るに別眼有り」とは、その中根が、『開化小史』に寄せた跋文だが、ここに指摘されているように、田口の史論の特色は経済学との結合にあった。

「天下の事、率《おおむ》ね法を西国に取る。独り史籍の体のみは、全然旧慣に仍《よ》る」とは、「旧慣」からの脱却を意図する中根の言辞だが、田口の史論の意識も同じだった。「史籍の体」の欧風化ということになろうか。学問（歴史）レベルでの、文明開化でもある。

かかる意識を可能とさせたのは、田口がエコノミストであったことにもよる。「日本のアダム・スミス」とも呼ばれた田口が、歴史に懐く関心は、貨財生産及び分配の状態であった。「学を以て史を成す」との中根の評は、その点でも注目されよう。「人と富とは、かくて自由なる開港場に来るなり」との田口の語りは、福沢と同様啓蒙的文明史家としてのふところの深さを語っていよう。開化期明治の歴史の学は、こうした文明史論と同居することで存在していた。

## 市民史論

その文明史論は、同時に市民史論としての特色も有した（この点、嘉治隆一『日本開化小史』〈岩波文庫〉解説、参照）。この場合の「市民」とは二つの意味がある。一つは「公家史論」あるいは「武家史論」という在来の史観と対比されるべき意味での「市民」である。大雑把にいえばどの階級的利害に立ち歴史を論ずるのかという意識でもある。近代が誕生させた新しい主役、それが「市民」である。『開化小史』が執筆された明治一〇年代は、民権運動の時代であった。在野史学の源流と目される田口の史論には、この民権思想とのかかわりも看取できる。

「郡県と封建とを較ぶるときは、封建こそ弊害多からめ、然れども中央集権の甚しき郡県ならんよりは、封建は利ある事なり、何となれば地方の俊傑は其土地の政務を得て甘ずる所あればなり……」（第三章）

ここに語られている部分は、平安期の国司の地方支配について論じているものだが、明らかに「有司専制」の藩閥政府への批判が投影されている。極端な中央集権

（郡県制）よりは、各地域、地方の自治がまがりなりにも容認される分権（封建制）の方がましだ、との発想である。ましさの度合いということだろう。このことは、「天下ハ一人ノ天下」という状態を脱し、「天下ハ天下ノ天下」となり得る条件をつくり出すことに他ならない。田口が同著の随所で指摘する集権化の弊害の指摘は、歴史的叙述を介しての警鐘だった。

「天下ノ天下」を達成するための運動、これが民権思想に連動するわけで、市民史論が内包したものも、これと無関係ではなかったろう。以上、述べてきたように「公家史論」「武家史論」の対比でいえば、市民史論の「市民」には、階級的に裏打ちされた面が確認できるだろう。

これと密接に関係するが、もう一つは「国民」と対比されるべき意味での「市民」である。後にも詳しく述べるが、近代国家はこの「市民」とともに「国民」も生み出した。明治は、そのナショナリズム的国民主義とインターナショナリズム的市民主義が併存しつつ推移した時代ということができる。

前述したように、「自由なる開港場」の出現を歓迎する田口の立場は、欧米的市民意識に拠っていた。〝富〟を媒介とした世界市民（コスモポリタン）的場面とリンクする意識と解してもよいはずだ。それはおそらく「市民」（civil）→「文明」

(civilization) が示すように、普遍性の価値を共有する「文明」主義の理念ということもできる。

都市・市民・文明はその限りは進歩の象徴として、ワンセットでもある。史論レベルからすれば、福沢のそれは田口に比しやや距離もあるが、「万国史」(世界史) を常に射程に入れている点では、共通している。ここにいう「万国史」とは代表的にはギゾー(一七八七―一八七四)の『欧羅巴文明史』(一八二八年)であり、バックル(一八二一―六二)の『英国文明史』(一八五七年)だった。この「万国史」の中心たる西洋文明の由来に〝深く思いを致すこと〟、これが文明史の立場だった。

それは自己を「文明」とのかかわりで国際化することだった。国際化とは、世界と〝平均化〟することでもある。「文明ハ個々独立シテ法制ナキ野蕃ノ次第ニ開化シテ交際ノ政法ヲ得タル者ナリ」(『欧羅巴文明史』)とのギゾーの語りは、右の事情を表現したものだろう。

文明史は同時に市民史論でもあった、と指摘した理由は、右のことと関連している。

『米欧回覧実記』より

「文明」の語は、明治一一年に刊行された『米欧回覧実記』のキーワードでもあった。明治四年末から六年にかけて岩倉遣外使節団の公式記録ともいうべき書物である。総勢約五〇名が欧米一二ヵ国を視察し、新国家建設に必要な膨大な資料と知識を収集する状況が丹念に指摘されている。近代日本版の「遣唐使」とでも形容できるかもしれない。古代国家のグランドデザインを、わが国はかつて中国に模した。「文明」である唐を〝お手本〟とした。近代は権力の集散度からいえば、古代と同じく〝集中〟の相にある。その近代明治も〝お手本〟を欧米に持った。岩倉使節団はそうした点で、近代での文明摂取の先鞭をつけた。

それはともかく、一八七〇年代初期の世界（欧米）を、当時の政治指導者たちが見聞したことは貴重だった。何よりも西洋の「文明」をかれらの皮膚感覚で知ったことの意味は大きかったにちがいない。岩倉使節団の文明印象記が『米欧回覧実記』だった（この点、田中彰『岩倉使節団』なども参照）。実記には西欧の「文明」が充分すぎるほど語られている。

「行けや海に火輪を転じ、陸に汽車を輾《めぐ》らし、万里馳駆、英名を四方に宣揚し、つつ

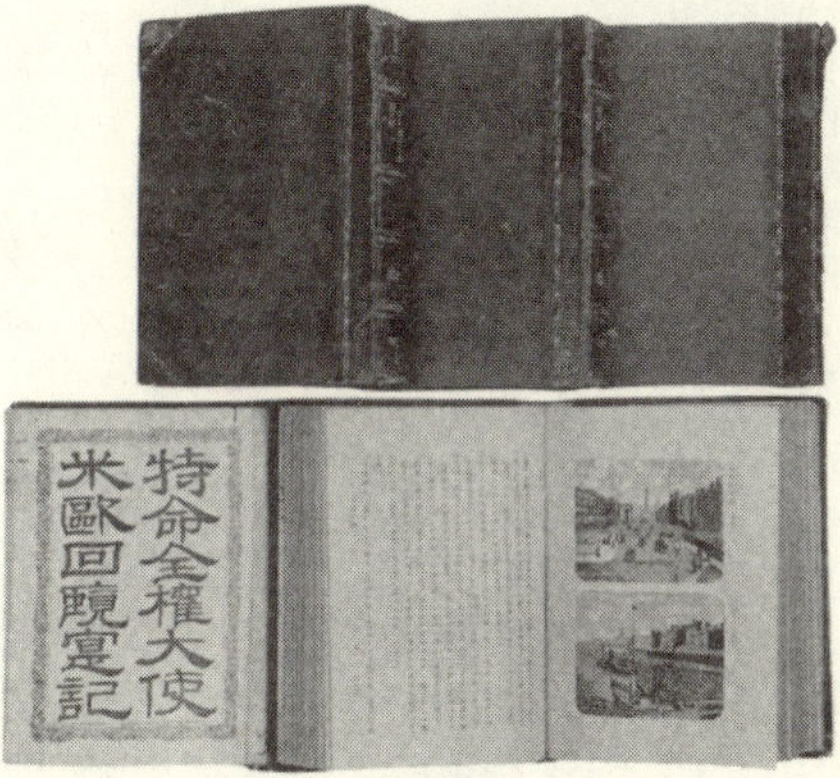


『米欧回覧実記』

がなき帰朝をいのる」との太政大臣三条実美《さんじょうさねとみ》の岩倉使節団への送別の歌は、開化期明治の、世界（文明）にむけての悲愴な決意の表明だった。この決意をかれらは身をもって体験し帰朝した。

われわれが注目したいのは、この作品が明治期を代表する歴史学者久米邦武《くめくにたけ》により上梓《じょうし》されたという事実である。歴史教科書には必ず顔をのぞかせる歴史家だ。国家権力が学問（歴史学）を弾圧したという例の構図のなかで登場する人物である。「神道ハ祭天ノ古俗」、あまりにも有名な論文で、久米邦武筆禍事件の発端となったものとされる。少し先のことになるが、この事件には間接的ながら前述の田口もからんでいた（この点は後述する）。いずれにしても、久米の『米欧回覧実記』には「文明諸国ノ一斑ヲ国人ニ観覧セシメン」とする意図が随所にあふれている。

たとえばイギリスである。当時のイギリスは、有名なシャーロック・ホームズの世界だった。あるいは本章の冒頭で紹介したヴェルヌの世界だった。アメリカのボストンを後にした岩倉一行が、リバプールを経由し、ロンドン駅に着いたのは、明治五年七月のことだった。

かれらが滞在したロンドンでは種々の文化施設の見学をしている。例のホームズの友人ワトソン博士が学位を取得したロンドン大学も、そのなかに入っていたかもしれない。ちなみにワトソンの学位取得は一八七八年だった。有名な『緋《ひ》色の研究』では、このワトソンがホームズと知り合い、ともにベーカー街221Bに下宿したのが一八八〇年代初頭と推測されるので、わが岩倉使節よりも少しおくれる時期ということになる（例えば、長沼弘毅『シャーロック・ホームズの世界』文藝春秋新社、など参照）。絵空事を承知でつづければ、ホームズ、ワトソン両者が生まれたのは一九世紀中頃と判断されるので、岩倉使節の目に映じたロンドンと若かりしかれらがすごしたロンドンは、さほどの違いはなかったのかもしれない。

さて、本題に戻ると、久米が『回覧実記』でイギリスを語るとき、そこには「此編ノ主トスル所ハ、其回覧ニ就キ、英国ノ富強ヲ致スニ於テ、四民生理ノ景況ヲ実歴シ、我日本人ニ感触ヲ与フルニアリ」（第四十巻「倫敦府後記」）との意識もあった。

「東洋ノ英国」

「当今欧羅巴各国、ミナ文明ヲ輝カシ、富強ヲ極メ、貿易盛ニ、工芸秀テ、人民快美ノ生理ニ、悦楽ヲ極ム」（第二十三巻「倫敦府ノ記上」）とは、かれらが西洋にいだいた共通の「文明」にたいする視線だった。当然ながらこの〝まなざし〟は、日本へと反射される意識につながる。「欧洲今日ノ富庶ヲミルハ、一千八百年以後ノコトニテ、著シク此景象ヲ生セシハ、僅ニ四十年ニスキサルナリ」との意識である。「東洋ノ英国」たらんとする決意とも表現できる。

その岩倉の一行が、世界の首都ともいうべきロンドンで実感した「文明」とは、「時は金なり」だったのかもしれない。「英人ノ気象ヲ自評シテ、足跗《そくふ》シハラクモ地ニ留メスト云、英人ノ通語ニ、時刻ハ金ト云」（第二十二巻「倫敦府総説」）と。足早に行き交う英国の人々の勤勉さ、それをかれらは「文明」のなせる業とみたにちがいない。この「時は金なり」に関連させ、次のようなエピソードが紹介されている。

米英仏独の人々にもし一日六時間を与えたとき、その消化の仕方からそれぞれの国民性如何を説く場面である。米及び仏人は四時間で仕事を終え、残りは自分の楽しみの時間とするのに比し、英人は「五時ニテ終リ、一時間ハ別業ヲ勉ム」と。文明国イギリスの繁栄を指摘したものといえる。

「東洋ノ英国」たらんとした日本は、当然のことながら英人的所為を可とし、理想としたようだ。少なくとも『回覧実記』での文脈では、そう解し得るようだ。ついでながら独逸については、つぎのように述べている。「独逸人ハ勉強スル六時ニテ未夕終ラス、夜間ニ補ヒテ、猶其余刻ニ勉強スルト」(同巻) 夜までかかってもなお仕事をしつづける独逸人ということらしい。

気分としては、わが国は「東洋ノ英国」を目ざしたが、現実には独逸人的気風を採用した。「文明」の後進国ドイツの国情は、はるかに日本に近似していたからでもあった。だが、この遣欧使節の時期、かれらの意識の光源はアメリカでありイギリスであり、そしてフランスだった。そのフランスについて「文明煥発ノ枢ナリ」とも「文明国ノ最上等」とも語っている(第四十一巻、四十六巻)。フランスは、イギリスとともに初期明治の開化期にとっては、「欧羅巴」そのものであり「文明」そのものだった。

バックルやギゾーに代表される英・仏文明史論が、わが国に紹介されたのも、アカデミズム的な狭い意味での歴史学云々というよりも、広く社会進歩の根源を歴史に問いかけるための関心にもとづいていた。この時期、ドイツ(プロシア)への志向はまだ成熟の途上でしかなかったが、岩倉使節一行の眼は、「文明」の後発組に位置するこれへの親近感をふくめ、将来の〝お手本〟の候補としてこの国をとらえていたことも事実だった。

「我日本ニ酷《はなは》夕類スル所アリ、此国ノ政治、風俗ヲ、講究スルハ、英仏ノ事情ヨリ、益ヲウルコト多カルヘシ」（第五十六巻「普魯士西部鉄道ノ記」）

との一節は、これを語っていよう。そのドイツへの相対的関心は、やがて絶対的な方向へとシフトする。候補から本命への転換でもあった。「ミカドの国」は「カイザーの国」に接近することで、「日本」を発見することになる。このあたりの点について、もう少し掘り下げてみよう。対象を文明史的世界から離れて、明治の学的状況についてふれてみたい。

## 2 文明史からの解放

### 新しき〝お手本〟

初期明治の文明史が意味したものについて、右に指摘したとおりであったが、近代の歴史学が自己を主張するうえで民権的運動論とのかかわりも無視できない。〝啓蒙〟への視点を共有する文明史の盛行は、中江兆民《なかえちょうみん》流に表現すれば、「亜細亜ノ片隅ニ一欧羅巴国ヲ湧出ス」ということになる。かれら文明史論者がイメージする「欧羅巴」とは、フランスでありイギリスだった。

福沢が、あるいは田口が依拠した『欧羅巴文明史』（ギゾー著）・『英国文明史』（バックル著）はその代表だろう。ここで再び文明と文化の問題に帰りたい。じつは一口にヨーロッパとはいっても、そこには「文明」主義と「文化」主義の二つの志向があったという。前者はイギリス・フランスの文明志向に、そして後者はドイツに代表される方向である（西川長夫「国家イデオロギーとしての文明と文化」〈『思想』八二七〉）。この点をもう少し、歴史学に接する形で、〝私流〟に詰めておこう。

初期明治の文明史論が量の多少はあれ〝民権〟の世界と接続したことは、少しふれた。天賦人権思想の根源は大雑把にいえば、王権にかわるべき民権の創出だった。イギリスもフランスもその限りでは、革命により民権が具現化された国々だった。この場合、民権とは、じつは「文明」の象徴でもあった。〝進歩〟の概念が示す人類的普遍主義である。

だが、このグローバリズムのエネルギーは、一九世紀末にはしだいに威力が減少し始める。この時期には、後発の資本主義国ドイツが、自己の中に〝光源〟を見出したともいいうる。ドイツ帝国の誕生に見合う「文化」主義的方向性は、どうやらこのあたりと関係しそうだ。「文化」が有した民族的・個別的要素を考えるならば、ある程度首肯されよう。

広く知られているように二〇年代以降の後期明治は、このドイツを西欧文明の〝お手本〟とした。医学をはじめとした諸学問は多く、この国を師とした。近代国家にとっての骨格ともいうべき憲法もまたドイツ流だった。英・仏流の文明的原理より、汎ゲルマン主義を含めた内なる光源への志向（文化主義）をドイツは選択した。人権なり民権に示されている進歩の観念が、「文明」の一つの要素だとすれば、ドイツは明らかに後発だった。この後発性を民族という場面で内燃させる手段が「文化」でもあった。その限りでは、「カイザーの国」ドイツと、「ミカドの国」日本は似ていた。

明治期の「ミカドの国」は、対外的には「カイザーの国」をヨーロッパに象徴化することになった。しかし巨視的に整理すれば万国主義とも表現すべき文明主義は、明治期国家の大まかな縁取《ふちど》りとして存在していたことも疑いないところだった。その限りでは、内国主義的要素が濃厚である文化主義が「量」として、文明主義を駆逐するのは、おそらくは日露戦争以降なのだろう。明治後期の二〇年代はその意味では、あくまでその文化主義（民族主義）が徐々に頭をもたげた段階と整理できる。

この「ミカドの国」から「カイザーの国」に留学した一人が、例の森鷗外だった。明治一七年から二一年の間である。「余ハ石見人森林太郎トシテ死セント欲ス」とは、鷗外の死に臨んでの遺言である。（「遺言三種」『鷗外全集』第三八巻、岩波書店、所収）。そこに示されている「石見人」「日本人」の語感は、近代明治人の意識を考えようとするさいの参考となる。この問題は、「日本人」の意識は、いつ生まれたのかということにもつながる。明治の人たちが自己のアイデンティティとして、藩の帰属意識から解放されたのは、それなりの時間を要したにちがいない。けれども死に臨んだ鷗外がかく考えるほどに、地域（石見）か脱地域（日本）かが意識化されていることが興味深い。

形式・表面の上では、「文明」的加工をほどこそうとした「明治」国家の始発、これが「日本」あるいは「日本人」の〝成立〟だった。が、内実は異なる。おそらく「日本」あるいは「日本人」的自覚は、明治も後期以降に醸成されたのではないか。「石見人森林太郎」に込められた鷗外の意識が、多分に文学的だとしても、死去に臨んだ大正期（大正一一年）までも、「石見人」（＝津和野藩）を引きずっていることからも、このあたりの事情は理解できるだろう。

むろん、これを鷗外の〝自然〟（郷土）への回帰と解することも可能だろう。ただし、彼に関しては、こうした「石見人」の前提には、「日本人」があったようだ。周知のように鷗外は陸軍軍医総監・陸軍省医務局長でもあり、軍人として「日本人」をしっかりと演じてもいる。その意味では「石見人」云々は「日本人」を〝通過〟したことにより生まれた帰結でもあった。

いずれにしても、「日本人」意識の成熟は、近代の国民国家「明治」の所産だった。前述来の「文明」主義と「文化」主義の話につなげるならば、どうやら「日本」的ナショナリズムは、「文化」主義への移行と同一線上で解することができそうだ。「民権」から「国権」への移行の段階、このあたりが、「日本人」意識の登場と重なるようだ。

この時期は「文明」レベルでコミットしていた「ミカド」を「文化」の世界に「天

皇」として取り戻す段階でもある。このことを最も象徴的に示すのが明治の憲法だったのではなかったか。内なる「文化」としての「天皇」は「不可侵性」という局面で、外なる「文明」としての「ミカド」は「立憲制」という局面で整理できるかもしれない。

「日本人」の語に込められた意識は、たしかに「文明」よりは「文化」だった。ご存知の方も多いだろうが、陸羯南《くがかつなん》（一八五七—一九〇七）の『日本』の創刊が明治二二年であることは、以上の諸点を考える上で参考となろう。「国民主義」と呼ばれる陸の主張は、「欧化主義」（文明主義）との別居宣言だった。

「抑〻各国民の国民主義なるものは、深く其根帯を国民特有の文化に発するなるが故に、若し此各国民を統一若くは合同せしめんと欲せば、必ず文化を統一合同せしめざるべからず。……」

（『東京電報』明治二一年六月）

ここには「文化」を「国民主義」の観点で認識するとともに、両者が国民統合の原理でもある旨が指摘されている（この点、西川前掲論文、近代日本思想大系『陸羯南集』筑摩書房、参照）。

**東海散士について**

東海散士《とうかいさんし》（一八五二―一九二二）もまた鷗外や羯南と同様の世代に属す。本名柴四朗、旧会津藩士である。「散士」の号は亡藩会津の憂き目の表明でもあった。会津へのこだわりが息づくという点では、「石見人」とあるいは同根なのかもしれない。この点はしばらくおく。この散士を著名にした作品が『佳人之奇遇《かじんのきぐう》』だった。政治小説と目されるこの作品の初編が発表されたのが、明治一八年（一八八五）である。ちょうど国権小説時代の先駆でもあり、時代の政治的要請がこうした形式の小説を生み出したらしい。

アメリカに渡った会津の遺臣東海散士が、ヨーロッパの美女たちと出会い、エジプト、スペイン、中国、朝鮮、アイルランドと世界各地の民族問題や独立運動にかかわるというストーリーだ。散士をはじめ、ここに登場するスペインの佳人幽蘭そしてアイルランドの佳人紅蓮、さらに亡命の志士（明末の遺臣）范卿は、亡国の人だった。「十尺の自由より一尺の国権」（巻二）を主張する散士の内奥は、世界化・西洋化への日本への警鐘だった（柳田泉、「『佳人之奇遇』とその作者について」〈『明治政治小説集』㈡、筑摩書房〉解題）。

た。鹿鳴館的「欧化主義」への批判は、たしかに国権運動に転化される傾向を持ってい批判だった。別の言い方をすれば、自由主義の美名の下に、「日本」を「西洋」に売ることの明）を見据えた上での見識もうかがわれ、手狭な国粋主義からはそれなりに自由になっている。恋と壮大な冒険譚に暗喩されたナショナリズムの語りには〝世界〟（文

それにしても、この時期になって小説という形式ではあるが、「日本人」を「世界人」として登場させているのは、おもしろい。明確な主題政治小説とはいえ、注目されねばなるまい。すでにふれたヴェルヌのSF小説との対比でいえば、〝日本男児〟の海外雄飛がここに〝実現〟したとも表現できよう。欧米留学経験をふまえての、彼の歴史認識は、明治二二年の『埃及《エジプト》近世史』にも、よく語られている。エジプトの英仏従属化の過程を分析し、イギリスからいえば、兇雄ともいうべきアラビ・パシャの乱を同情的に描いたものである。

小国日本の現状をエジプトに投影させたものであった。原典に依拠した史論的色彩の作品ながら、「世俗ヲ警醒」（序）すべき目的が強すぎて学問的世界から排除されてきたものだが、時代精神の一端を知る上ではおもしろい。

以上、やや遠回りをしたが、明治中期の〝学〟の裾野について、少しふれた。

それでは、その学的状況を歴史学の世界に焦点を絞り込みながら考えるならば、どんな切り口が用意できるか。この問題は文明史に代わって登場した歴史学の新しい流れ、「実証主義」史学の形成のされ方にも行きつく。ただし、われわれは、この問題の前に急ぎ指摘しておくべき内容がある。学問の「府」、大学に関してである。

**帝国大学の成立**

総合大学としての東京大学の開校は、明治一〇年（一八七七）のことだった。開化期明治の「学」の世界での象徴だった。新政府はこの学的分野でも旧幕府の遺産を継承した。年表風に示せば、明治元年（一八六八）、幕府の昌平坂学問所・開成所・医学所を復興、昌平学校・開成学校・医学校と称し、翌年これを、大学（本校）・南校・東校と改め、総合して「大学校」といった。

この場合の「大学」「大学校」とは、現在の大学とは異なり、学問の府というよりは、学校・教育行政の最高機関の意味だった。大学南校・東校の称は湯島の昌平学校から見た方角である。南校の前身開成所は、幕府の洋学研究機関であり、東校の前身医学所も医学教育機関だった。

明治三年、洋学の勢いが強まり、漢学を中心とした大学本校（前身昌平学校）は廃され、明治七年には南校を東京開成学校、東校を東京医学校とし、やがて両校あわせて明治一〇年、東京大学とした（なお、ここでは主題からはずれるので述べないが、大学本校廃止の漢学・国学両派の種々の〝学争〟については、例えば大久保利謙「明治初年の大学校に於ける国学者対漢学者の抗争一件」〈『明治文化』一六—三〉などを参照）。

念のため、図式的に整理すれば、次頁の図のようになる。

さて、その東京大学には理・法・文・医の四学部が置かれた。唯一の官立総合大学の創始であり、欧米のユニヴァーシティを範とした。これが「文明」主義の所産であったことは、歴史学に例をとれば、西洋史学が主流だったことでも明白だろう。このことは文学部の第一科に哲学・政治学とともに置かれた史学が、西洋のそれであったこととも無関係ではあるまい。その史学科も、間もなく廃され代わりに理財学（経済学）科が置かれた。

実学への傾斜は、草創期「東京大学」でも同様だった。もっとも、日本の歴史（国史）が全く無視されていたわけではなかった。文学部の第二科に和漢文学科が置かれ、これ以外にも短期間ながら文学部付設の古典講習科も認められ、これらが「国史」教育の代用機関だった。ここにあっては「史学」が象徴する西洋（文明）と、

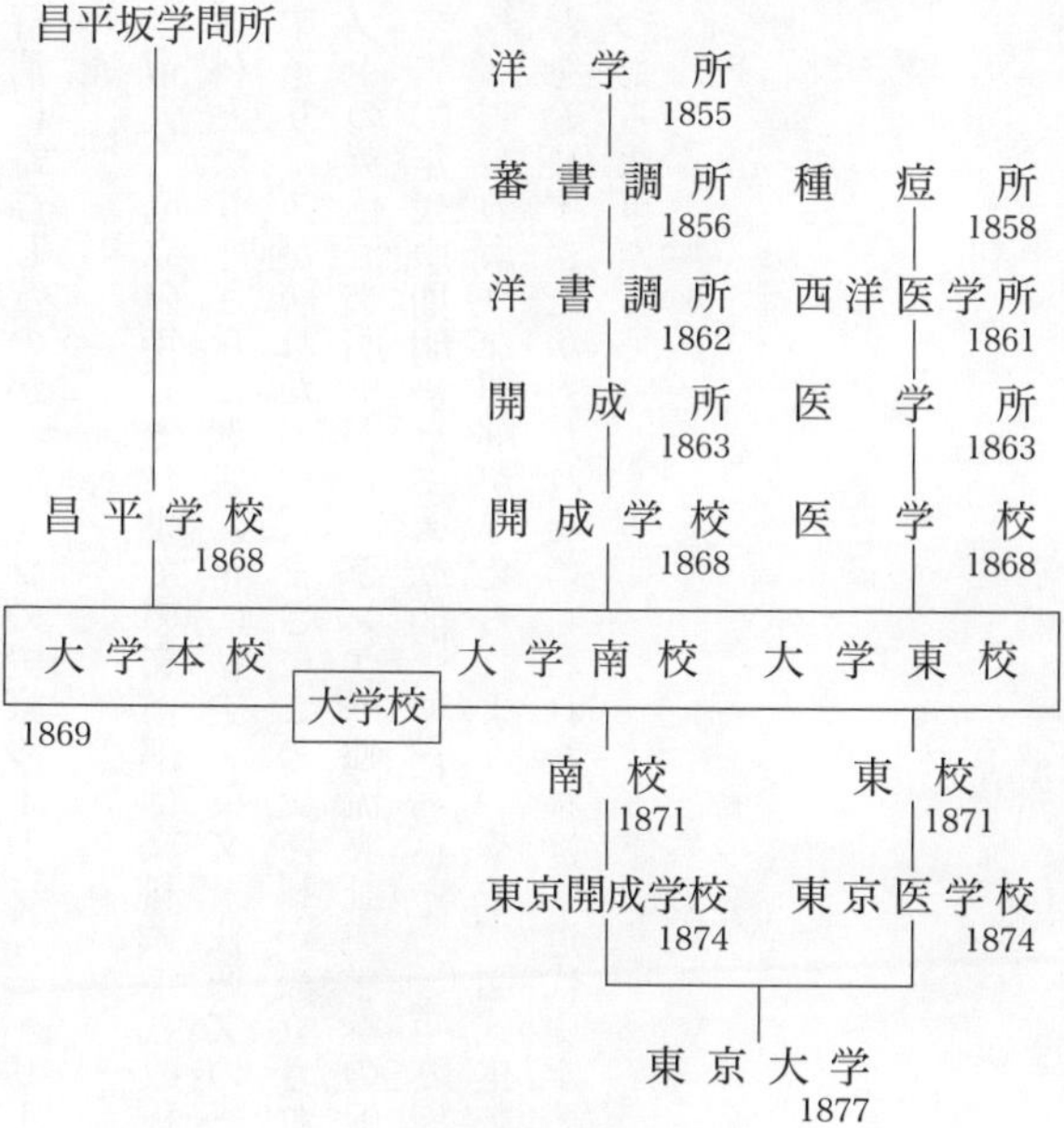


東京大学の系譜

「国史」が象徴する日本（文化）は、〝別居〟を余儀なくされていた。しかも、前者が後者に優位する形でである。

明治一九年（一八八六）三月の文部大臣森有《あり》礼《のり》の立案にかかる帝国大学令の発布は、その点で興味深いものがある。ここに「東京大学」は「帝国大学」となった。右に指摘した「史学」と「国史」との〝別居〟云々でいえば、これが解消される傾向が出てきた。この解消に寄与したのが、ドイツの史家ルートウィヒ・リース（一八六一―一九二八）だった。

「帝大」成立の年、それまでの文学部は文科大学と改称。哲・和文・漢文・博言の四学科となり、さらに翌二〇年には史・英文・独逸文の三学科が増設された。ランケの弟子リースが訪れたのは、まさにこの史学科が設立された時点だった。バックルやギゾーの英仏流文明史から、ランケ的独流実証史学への転換だった。

二〇年代中期明治に至る学的状況について、「帝大の成立」という切り口で指摘すれば、右のような理解が与えられよう。やや、図式化したアクセント主義で、ものごとを論じすぎたかもしれない。われわれは、近代史学の成立事情に少しずつ近づきつつあるようだ。

# 第三章　「カイザーの国」の歴史学——西欧史学の移植

## 1　「欧羅巴」史学の履歴書

### ランケからリースへ

ここでは近代史学誕生に至る事情について、前述のリースを軸に語りたい。そのリースが帝国大学（文科大学）史学教師として着任したのは、明治二〇年（一八八七）のことだった。

以下、『史学雑誌』第一三編八号「ルード井ッヒ、リース先生略伝」を加味しながら述べると、彼がベルリン大学に入学したのは一八八〇年だった。この時期はリースの師にして、高名な歴史学者ランケ（Leopold von Ranke 一七九五—一八八六）の晩年にあたる。ランケはよく知られているように、歴史事象において普遍的なものと同時に個性的なものの重要さを主張した。その点ではヘーゲルのような不可避的な精神の法則性を求めることに関し、これとは考えを異にする立場でもある。「歴史主義」の立場ということになる。多義的ながら、人間生活のあらゆる現象を個別具体的な歴史的時空で解する考えが「歴史主義」だ。フランス革命の混乱と挫折の体験からドイツを中心にロマン主義が登場するが、「歴史主義」はこのロマン主義に対応する形で生まれた歴史認識の方法である。教科書風に説明すればこうなる（〝歴史哲学〟風の議論に関しては、ランケ史学の特質も含め、例えばF・E・ヤーノジ「一八・九世紀ヨーロッパにおける世界史叙述の試み」〈『思想』四八二号〉参照）。

つまり「文化」主義的理念で歴史を解する立場ということであり、相対化された固有の値の発見という点では、相対主義的発想が前提をなす。〝進歩〟を絶対の指標とするコント（一七九八―一八五七）やスペンサー（一八二〇―一九〇三）の英仏系の歴史発展論――それは例の文明史論の特色だったが――とは、その点で一線を画する歴史観だった。

バイエルン王マクシミリアン二世ヨーゼフへの指南書ともいうべきランケの『世界史概説』には、ヨーロッパ中心の世界史の再構成が語られている。厳密な史料学への関心もランケ史学の特色だった。入学後三年目にリースはランケの写字生（史科や原稿の筆耕・浄写の手伝い）となり、研究上での薫陶を受けたらしい。もっとも、その三年後一八八六年にはランケは九十余歳の高齢で死去しており、リースがこの老大家から何を学び得たかは定かではない。

「先生が今日に至るまで誠意ランケを欽慕し、私《ひそ》かに自ら期する所あらるゝが如きは、此の偉人に親炙《しんしゃ》したること、またその動機の一たるを失はざるべきか」

この、『史学雑誌』所載のリース観を読むとき、われわれはそこにリースの人柄とともに、彼が師のランケを敬慕した姿を垣間見ることもできる。ちなみにリースが学んだベルリン大学は「史学の淵叢《えんそう》」といわれ、ランケの他にもドロイゼン（Johann Gustav Droysen 一八〇八—八四）、あるいはトライチュケ（Heinrich von Treitschke 一八三四—九六）などの著名な史家を擁していたという（金井圓『お雇い外国人』鹿島出版会）。

そのドイツ流のゲルマン史学をリースを通じ、日本は受け入れた。堅固な実証に裏打ちされたその史風は、実証主義の名で呼ばれ、アカデミズム史学の代名詞ともされている。ここにいう実証とは、史料に即して研究し、史料から直接判断できる以上のことは言及しない態度ということである。「歴史の世紀」とも表現される一九世紀は、この「実証」が極度に重視された時代であった。「それが本来いかにあったか」

(Wie es eigentlich gewesen ist) とのランケ流の歴史学に対する発問は、近代歴史学の起点でもあった。そのランケを継承したリースにより、日本の歴史学は夜明けをむかえることになる。

## ゲルマン史学の履歴書

それではリースにより移植されたドイツ史学とは、どんなものなのか。このことを考える前に、リース以前における西欧史学の消化の様子についてふれておく必要があろう。ここで是非ともゼルフィー（George Gustavus Zerffi 一八二一―九二）に登場してもらおう。ハンガリー生まれのこの歴史家は、ゲルマン史学のよき理解者でもあり、間接的ながら西欧史学をわが国に紹介した最初の人でもあった。ブダペストで新聞を発行していたが、一八四八年の革命で翌年英国に亡命、その後帰化したという。美術関係にも造詣が深い人物とされている。ここに間接的云々と述べたのは、彼は来日しなかったことにもよるが、彼の著作『The Science of History』（『史学』）が巷間流布しなかったためである。

それはともかくとして、ゼルフィーはアカデミックな史家であり、その史論は修学期の明治の歴史学界に少なからず影響を与えた。すでに指摘したように英・仏流の文明史論も隆盛だったが、これは西洋の歴史学それ自体の輸入が目的ではなかった。いうなれば新時代の幕明けに対しての有益なる知識の提供という面も強く、その限りでは歴史それ自体が、「学」として成立し得るための〝外堀〟にすぎなかった。「学」としての史学とは教訓的史学からの解放ということでもある。実用主義史学からの脱却といってもよい。

　文明史論も共有しているこの実用主義ないし教訓主義の立場にあっては、史学の科学的性質を損なう危惧もある。厳密な史料操作を前提とした実証性から遠かったことによる。史学方法論のわが国の草分け的存在でもあった坪井九馬三《つぼいくめぞう》（一八五八—一九三六）が、教訓的な「応用史学」を排し、「純正史学」を主唱した意図は、こうした諸点と無関係ではない（『史学雑誌』五—一二）。

坪井九馬三

　ゼルフィーに話を戻すと、彼との橋渡しの役を演じたのは末松謙澄《すえまつけんちょう》（一八五五—一九二〇）だった。末松については後にもふれるが、当時は英国ロンドン駐在日本公使館一等書記生見習として渡英していた。明治一一年（一八七八）のことである。

　本務の余暇に英・仏での歴史編纂の方式の調査を依

頼された末松が、執筆要請したのが王立歴史学会・王立文学会会員でもあったゼルフィーだった。その要請書簡には以下のように語られているという。

In my country at the present time the universal tendency is to adopt whatever is most excellent and worthy of imitation in European culture and experience, ......Under these circumstances, there are many Japanese scholars who desire more especially to make themselves acquainted with the style, plan, and methods pursued by the most eminent Historians of Western nations, to write the history of their own country in accordance with these models.

右の原文は今井登志喜「西洋史学の本邦史学に與へたる影響」(『本邦史学史論叢』所収、冨山房)に紹介されているものの孫引きだが、歴史家ゼルフィーへの要望を語る末松の文章には、草創期の歴史学界の姿勢が見えるようでもある。ここには、わが国が世界に互して進む上で西洋の優秀な文化や価値にふれることの必要性、及びかかる状況下にあって、日本の学者の切望に応えるべく、西洋諸国のすぐれた歴史家の用いている様式・企画・方法を知り、これを範として、日本の歴史を書くための指針としたい旨が指摘されている。

**明治の悲しみ**

ちなみに、この文をしたためた末松は、『源氏物語』の英訳にもかかわった人物であり、わが国の文学作品を海外に広める上でも貢献した。福岡藩士であり、明治四年に上京、伊藤博文の知遇を得たという。彼は英国留学にさいし、太政官より「本務之余暇ヲ以、英仏歴史編纂方法取調申付候事」と命ぜられた。明治一一年二月九日のことだった。この太政官の命は当時、修史局にあった重野安繹《しげのやすつぐ》の要請に出たものであったらしい（重野と修史局との関係については、別に詳述する）。

おもしろいのは、この薩摩出身の史家重野へ宛てた同藩出身の中井弘《なかいひろし》（一八三八―九四）の書簡で、末松の渡英にむけての西欧史学の調査依頼に関し、批判している点だ。「抑《そもそも》歴史学ハ一科ノ学問ニテ容易ニ其成達ヲ期スベキモノニアラズ」として、「末松ハ外務交際事務担当之人物ニテ、傍ラ之ニ従事スルコト甚以困難ナレバナリ」と指摘する。

中井の主張は「本務之余暇」を用いる程度での、拙速な形の西洋史学の導入はするべきではないとするものだ。「全国人民ノ智識進歩退歩、或ハ工芸諸学術ノ沿革、一切ノ人民ニ肝要ナルコトヲ記載」するのが歴史である以上、姑息な手段はよろしくないとするのが、書簡の趣旨でもあった（「中井弘の重野安繹宛書簡」日本近代思想大系『歴史認識』岩波書店、所収）。この中井の指摘は妥当なところだろう。が、その後の状況からみて、彼の心配も杞憂におわったようだ。末松の〝奮闘〟がものをいったようでもある。

〝奮闘〟云々でいえば、彼には次のような論文もあった。「Identity of the Great Conqueror Genghis Khan with the Japanese Hero Yoshitsune」（「征服者成吉思汗ハ日本ノ英雄義経ト同一人物也」）。留学中の末松が大学へ提出した論文である。有名な義経＝成吉思汗説を学問的に論じた早い時期のものだ。別に述べたことだが、義経＝成吉思汗説は、近代以降に広く流布した（拙著『源義経』清水新書）。その先がけをなしたのが末松の右の論文だった。彼の意図は、当時のイギリスでは日本を中国の属国のように思っている人も多く、そうした誤解を除くための方法でもあったらしい。エピソードまがいのこうした話も、彼の〝奮闘〟の所産だろう。

そこには、初期明治の日本が自己を主張するために、成吉思汗を持ち出さなければならない〝悲しさ〟があった。このほほえましい〝悲しさ〟ともいうべき状況が、修学期明治の特色だったのかもしれない。歴史家ゼルフィーに寄せた末松の書簡も、このあたりの事情を知った上で読めば、それなりにおもしろいはずである。

いずれにしても、西欧史学はこの末松を介してゼルフィー経由で、わが国に伝えられた。

**ゼルフィーの『史学』**

明治一二年（一八七九）、ロンドンで印刷されたゼルフィーの『史学』は全七章よりなる大著である。第一章には史学概論的内容を配し、歴史学の性格やこれに従事するものの心得が、第二章以下は各論ともいうべき個別叙述がほどこされ、古代東方オリエント諸国、ギリシア、ローマ世界、さらにキリスト教、そして中世、近世という流れで叙されている。各章には各時代の文化史的概説とともに、史学史の概説や歴史観の変遷の指摘がなされていた。

同著でゼルフィーは西欧の歴史学の状況にも言及し、歴史はイギリスにおいては「信仰」(faith) であり、フランスでは「意見」(opinion) であり、ドイツにあっ

ゼルフィー著『史学』
（「The Science of History」）

ては「智識」(knowledge) だったと論じ、しばしばゲルマン・ドイツ史学を推賞している(今井前掲論文)。

それでは、西洋史学の本格的な紹介者、ゼルフィーが指摘する歴史学とは、どんなものだったのか。このあたりのことを、第一章の部分を中心に若干紹介しておこう。以下の史料は、いずれも「ゼルフィー『史学』抄訳」(『歴史認識』前掲)によっている。

「○史学ハ最モ要緊ナル事ナリ。然ルニ怪ムベキハ、此学ヲ最モ世人ノ忽略シテ顧ミザルコトナリ。但東洋ノミナラズ、西国モ亦然リ。史トイフ一個ノ字、希臘《グリーキ》語ニテハ「ヒストライン」トイヒ、其中ニ観察〈ヲブセルブ〉・考究〈インクワール〉・経験〈エツキスペリエンス〉・論説〈レレート〉ノ四件ノ意思ヲ含有セリ。史書ニ記スル所ハ、世上所《ノ》レ有《ル》実事〈ファクト〉、並ニ人所《ノ》レ做《ス》之行為ナリ。人所《ノ》レ做《ス》之行為〈アクシヨン〉ハ、極テ是紛乱纏繞ナル光景〈フエノメチ〉ニシテ、極テ是分明ナリ難キ者ナリ。是ニ於テ史学ナル一項アリテ、特地ニ此事情ヲ講究スルナリ。」

同書の冒頭をなす右の箇所には、学問としての「史学」の目的、及び、これが含意する中身、さらには史書に叙述されるべき二大要素（「実事」「行為」）が指摘されており、歴史理論に精通したゼルフィーなりの観点が示されている。さらに、

「○史書ヲ作ル人、各《おのおの》ソノ時代ノ風ニ染ミ、誇大ノ言語ヲ用フルコト、特ニ作者ノ精神ニ過ズ……。夫レ人類ノ発達スル所以ヲ叙述スルコト、史家ノ目的ト為スベキニ……」

との部分も「史家ノ目的」がどこにあるかが論ぜられており、興味深い。また編年史と史家との関係について論じた次の箇所もおもしろい。

「○編年史ハ歴史ノ骨子ナリ。然レドモ編年史家ハ自ラ以テ史家ト思フ可ラズ。園丁ハ常ニ植物家ニ非ズ、鉱夫ハ常ニ地質学者ニ非ズ、大工ハ常ニ建築家ニ非ズ、掌計者ハ常ニ算術家ニ非ズ、事実ノ輯録者又ハ生死ノ記載者ハ必ズ史家ニ非ルナリ。古ヘヨリ史家タル事業ノ性質ヲ誤解セルハ、是レ科学ノ点ヨリ歴史ヲ筆著スルコトノ発達ニ阻害タルヤ、浅少ニ非ルナリ。」

と論ずるゼルフィーの立場は、史料の編纂に関与する編年史家の役割を認識させたものということができる。ゼルフィーはこの点をふまえ、真の編年史家のあるべき姿勢について、次のようにも語る。

「○真ノ編年史家ハ、公平ナル心ヲ以テ詳カニ日々年々ニ発生スル事件ヲ記セザル可ラズ。而シテ一書体ニ関シテ焦慮シ、或ハ記事ノ聯絡ニ関シテ殫思《たんし》スルハ、其要トスル所ニ非ズ。彼等ハ自ラ歴史ノ家屋ヲ構造スル材料ヲ集ムルモノト思フベシ。彼等ハ瓦石煉石灰《シックイ》及ビ木材ヲ供給スベシ。」

明白なる事実のみの記載に力を注ぎ、史実をめぐる因果関係への「殫思」（思いを尽くすこと）は必要なしとの立場ということだろう。ここに示されているように、編年史家は「歴史ノ家屋」を建てるための材料提供者に徹すべきだとの主張である。他方、史家についてはは別につぎのようにも指摘している。

「○史家ハ、歴史ノ確固不抜ノ基礎ハ即チ定法タルコトヲ知ラバ、其書ヲ編ムニ当リテ、脈絡貫通首尾相応ズルヲ勤ムベシ。而シテ其記スル所、専ラ無味ノ事実ニ止マラズシテ、事迹ノ起リシ場所、時代、及ビ其事情を摘録シ、推理力ヲ以テ公平ニ其正因・副因・近因・遠因ヲ捜抉スベシ。」

ここには史家たるものは、史実相互の連関を「推理力」で「捜抉」すべき洞察力も必要なことが指摘されており、編年史家との相違が論ぜられている。この観点はさらにすすんで歴史家の立場を愛国心なり党派心なりに拘束されない公正さの主張へと導く。

「○史家ハ又身ヲ無上裁判官ノ地位ニ置ザル可ラズ。其法院ハ世界ナリ。人類ノ全体ヲ召喚シテ此ニ出デシメ、彼ハ徳力智力ノ定法ヲ以テ組織セル法典ニ拠リテ、裁判ヲ宣告スベシ。史上現象ノ元素タル、擾々紛々ノ諸勢力ヲ公平ニ踪跡スベシ。身ヲ高ク愛国ノ情又ハ党派心ノ上ニ置キ、諸ノ国諸ノ党ヲ以テ、宇宙ノ一大全国ヲ組成スル分子ト見做スベシ。」

以上、やや冗長に流れたが、ゼルフィーの『史学』抄訳を紹介した。中村正直（一八三二—九一）・嵯峨正作（一八五三—九〇）両人の訳稿だが、かれらなりの〝アンテナ〟で、ゼルフィーの歴史学にたいする姿勢が汲み上げられているようだ。すでに述べたことだが、ここには修学期明治の気分が溢れている。この『史学』を通じて、粗略ながら実証史学を標榜する西洋史学の一端をのぞくことができるであろう。

### 明治史学界への影響

すでにふれたようにゼルフィーはハンガリー生まれの歴史家で、末松が『史学』執筆を依頼した明治一一年、イギリスに在住していた。その意味でゼルフィーの史論にはゲルマン史学への理解とともに、イギリス流文明史の理論も混入されていたとみてよい。このことは『史学』の訳稿に従事した一人嵯峨正作が、明治二一年（一八八八）に著した『日本史綱』に顕れている。内閣臨時修史局の依頼で、ゼルフィーの右著を訳した嵯峨が、その経験をいかし叙述した作品である。

彼は越中の人で、大蔵省紙幣寮の時代から田口卯吉と交友を結んでいた関係もあり、明治一五年には田口の東京経済雑誌社に入社し、歴史への関心も旺盛だった。田口と同じく文明史の洗礼を受けた嵯峨による訳稿は、その意味で文明史論的要素が混入しているのも当然だった。史学史の流れからすれば、田口の『日本開化小史』、三《み》宅米吉《やけよねきち》『日本史学提要』（明治一九年）とともに、広く文明史論の学脈に属していた。ここではゼルフィーのわが国の史学界に与えた影響度という点から嵯峨の作品にもふれておく。

同著の例言は、そのゼルフィーの意識が充分に消化されている。「歴史ハ社会ニ関係アル人為ノ事迹ヲ会蒐シテ其源因結果ヲ明ニシ、以テ宇宙間ニ人事ニ関シテ一定動ス可ラザルノ法則アルヲ示スモノナリ」との冒頭に語る文言は、『史学』を咀嚼した上での表現であった。真の歴史家は「四海同視説」に立ち、「一国一家説」によらないという公平無私の立場を説く嵯峨の意識は、ゼルフィーそのものだった。

文明史観にもとづいた本格的な日本通史であり、構成の上でもかなりの工夫がなされている。神武から大化改新までを「上古」、鎌倉開府までを「中古」、明治維新までを「近古」、それ以降を「今代」とする独自の時代区分は、その代表的なものだろう。文明史家らしく、神代史への言及は古代人の宗教意識にのみとどめ、節度をもった叙述となっている。このあたりにも、「学問《サイアンス》中ノ《ヲフ》学問《サイアンセス》」として歴史を認識する嵯峨の姿勢がうかがわれる。

三宅米吉

『史学』の影響という点でいえば、訳者嵯峨以上に、これを研究した人がいた。以前にもふれた重野安繹である。すでに述べたように西洋史学の紹介を依頼したのは、当時修史局にいた重野その人だった。彼もまたこの『史学』を熟読した。明治二二年一一月一日、重野の史学会第一回例会での演題「史学ニ従事スル者ハ其心至公至平ナラザルベカラズ」は、まさにゼルフィーの『史学』が説くところのものであった。それは、西洋の実証主義と在来の考証主義を接合した立場ということにもなる。

以上からも明らかなように、『史学』は一方で、嵯峨に代表される文明史論の方面にも影響を与えたが、他方で重野に代表される漢学考証学派の史家にも影響をおよぼした。このあたりが、ゼルフィーの幅の広さなのかもしれない。この広さは、同時に修学期明治の貪欲さでもある。別のいい方をすればジャーナリズム的啓蒙（文明史論）とアカデミズム的非啓蒙（考証・実証史論）が同居している世界だった。

これらを経由して、前述したリースが登場する。二〇年代明治は、そのリース風の実証主義を帝国大学の史学科に移植することではじまった。

## 2　リースと「史学会」

## 西欧史学の移植

〝わが国の歴史学界はこのリースの来日を待って、夜明けをむかえた〟などといえば、いかにも大袈裟だが、こんな表現が似合うようにリース以後の歴史学界は大きく変貌した。

「明治二十年二月四日ヨリ同二十三年二月三日迄三ケ年間招傭、文科大学史学教師、授業日数一日四時間内、月俸日本一円銀貨三百七十円」

（「傭外国人教師・講師履歴書」）

これが文科大学史学教師リースとの契約内容だった。前年、帝国大学令の発布で「東京大学」は「帝国大学」と改称（のち明治三〇年京都帝国大学設置とともに東京帝国大学と改称）された。「文科大学」の呼称は従前の「文学部」に代わるものである。リースが来日した当時「文科大学」は、哲・和文・漢文・博言の四学科だったが、この年の九月、史・英文・独逸文の三学科が増設された。このことは、すでに述べた。

リースはその増設の史学科教師として迎えられた。『東京帝国大学五十年史』によれば、時の帝国大学総長は渡辺洪基《わたなべこうき》（一八四七―一九〇一）。文科大学では学長外山《とやま》正一《まさかず》（一八四八―一九〇〇）の他、歴史関係者では小中村清矩《こなかむらきよのり》（一八二一―九五）、内藤耻叟《ないとうちそう》（一八二七―一九〇三）、物集高見《もずめたかみ》（一八四七―一九二八）などがいた。かれらは多く国学系の出身者だが、他に、異色ながら理学部で応用化学を学んだという坪井九馬三がいた。彼に関しては、前にもふれたように、わが国の史学界にあって、史料理論の草分け的存在だった。

　リース以前にあっては、史学と称する西洋歴史学の授業はこの坪井と工部大学校で英文学を講じていたジェームズ・ディクスンの両人でなされた。さらに日本歴史に関しては和文・漢文学科の小中村清矩・内藤耻叟がこれを担当した。その意味では史学（西洋歴史）・国史（日本歴史）ともに〝応援部隊〟の助力でなされていたといってもよかった。リースの赴任と、これにともなう「史学科」の創設（明治二〇年九月）は、歴史学の独立が証明されたことでもあった。

　証明の仕方という点でいえば、「史学科」が西洋史学を主たる対象としていたことからもわかるように、一種の〝お手本〟主義の採用という面もあった。欧米近代国家発展の足跡を学ぶための〝お手本〟主義である。明治日本の歴史学の世界で、日本の歴史（国史）以前に、西洋の歴史（史学）がスタートしたことは、開化主義の象徴だろう。ただし、こうした開化主義の方向も、かつてのようなやみくもな西洋主義ではなく、近代化への自覚を前提とするものだった。「文明」主義から「文化」主義への転換とこれにともなうドイツ史学の採用は、大きく見ればこの流れのなかで理解されるべきだろう。

その意味で「史学科」創設の翌々年、つまり明治二二年六月の「国史」学科の増設は、これまた画期だった。年表風に語れば、これに先立ち前年の六月に「史学科」の授業科目に日本歴史が加えられ、一〇月には内閣臨時修史局が帝国大学に移管されるなど、準備がすすめられた。「国史」学科創設にともない、従来の和文学科・漢文学科は、それぞれ国文学科・漢学科と改称された。

その「国史」学科実現に間接的ながら寄与したのも、リースだった。総長渡辺洪基は明治二一年一〇月の文部省への建議で「我帝国大学ノ如キハ東京大学以来、本邦ノ地理及歴史ヲ講究スルノ備ナカリシハ、実ニ一大欠典ト云フベシ」とし、「本邦現ニ制度文物ヲ改良シ独立不羈《ふき》ノ基ヲ建ルニ当リ、其基礎ト為スベキ国史学科ノ設ケナクシテ可ナランヤ、依テ帝国大学文科大学ニ国史ヲ置キ此道ニ堪能ナル学者ヲ聘シテ以テ学生ヲ教導セシメ、此欠典ヲ補ヒ、史学中本邦須要ノ事項ニ就テ調査考究セシメ、以テ政治経済ニ於ケル急要ヲ救フ所アラントス」と、「国史」学科設立への抱負を説いている（『東京帝国大学五十年史』）。

「国史」学科新設の意義を、こう語る渡辺は、別に「古へ漢土ノ制度文物ヲ採リ、今又西洋ヲ用ユルヨリ、常ニ他国ノ史ヲ先ニシテ国史ヲ後ニスルノ風ヲ馴致シタル」と論じてもいる。ここには、中国の律令（漢土ノ制度文物）的文明を採用した古代日本と、西洋の開化的文明を採る近代の在り方が、指摘されている。「国史」意識の高揚は、見方によっては「文化」主義への回帰ということもできよう。

この明治二二年は明治憲法発布の年でもある。世界と〝平均化〟することで近代国家の〝出生証〟が認知された年ということになる。憲法を持つことの意味は、その点で近代の〝出生証〟だった。この〝出生証〟を手にした日本が「文化」主義へと回帰することは予想できるはずだ。「国史」学科の誕生とは、その点でいえば、右の意識の延長と理解できる。二〇年代明治の学的状況を歴史学という断面で見れば、こんなところが頭に浮かぶ。

## 「国史」学科の青写真

「国史」学科の新設にあたって、渡辺は「史学」科教師リースに意見を求めた。

「国史科ノ目的ハ史学ノ学生ニ対シ日本歴史ニ関スル資料及文書ノ印本ト写本トヲ問ハズ苟《いやしく》モ今日ニ現在スルモノニ就キ完全ナル智識ヲ得ルノ法ヲ奨励指導スルニ在リ、修史法ノ練習ハ現今欧州ニ於テ必要ナリト認定スル所ノ精神ト方法トヲ以テ学生ヲシテ日本歴史ノ攷究ヲ為サシメンコトヲ企望スルモ、新設ノ国史科ニ於テ日下直ニ之ヲ実施スルコト難シトス、故ニ史学ノ基本タル修史学ニ属スル各学科ヲ勉メテ教授セザルベカラズ……」（『東京帝国大学五十年史』）

紙数の関係でリースが渡辺に示した回答の全文は省略せざるを得ない。ここに示したのは全六項目のうちの総論的内容が指摘されている第一項に当たるものである。そこには、近く新設される「国史」学科への構想について、教授法をふくめ種々の観点からの意見が具申されている。史料についての「完全ナル智識」の修得に加え、西欧の方法にもとづく史学研究法の確立は、リースの最も強調したところのものだった。

第二項には「日本ニ於テモ亦同ク研修ヲ為スベキ学科」として、古文書学、歴史地理学、その他の補助学（「日本ノ貨幣学印章学系図学」）、さらに史料批判学に言及している。

第三項は「講義及実地演習」にかかわる、教授法に関する指摘である。

第四項は、教授の対象たる学生の学力資格が論ぜられ、「国史科ニ入ルハ必ズ英語ヲ解スル者ニ限ルベク……」との観点に加え、「欧州ノ修史法ヲ日本ノ史料ニ移スニ最適当ノ人ナラザルベカラズ」との考えも示されている。

第五項は、設備面からの対応を論じたもので、「研究室ニ日本歴史ノ書房ヲ附属シ学生ノ閲覧ニ便スベシ」とし、望ましい研究室の在り方についても言及する。

第六項は講義に必要となるテキストの具体例が指摘されている。

以上がリースの回答だ。いかがだろうか。読者のなかには、おそらく右に指摘した各項に合致した授業の体験をお持ちの方も少なくないはずだ。むろんすべてとはいわないが、リース的なドイツ史学の教授法は、その後広く流布した。例えば、第三項に指摘されている講義とともに演習を組み合わせる授業の方法は、多くの大学で採用されている方式だろう。

一世紀以上をへた今日でもさほど変化はない。さらに第二項の教科カリキュラムに関しても同じだ。そのなかには、かつて補助学的役割しか持たなかった分野が、独立した学問に成長したものもある。それにしても歴史学の修得にさいし、周辺諸学問の連携が必要なことは変わりない。第五項にみる研究室制度もまた、今日に継承されている面だろう。史料や研究書との〝接触〟が与える効用にリースが着目したのは、それなりの見識だった。

西欧史学の日本への移植。「ミカドの国」は、「カイザーの国」からやってきたこの歴史家を迎え入れたことで、たしかに変わった。「ミカドの国」の固有の歴史の〝料理の仕方〟では、科学としての学問の普遍性を担保し得なかった。世界に通ずる歴史学、そのためのルール、これが「カイザーの国」の歴史学が主張する実証主義だ。

その点でいえば、①史料の信用性を確かめること（外的批判）、②証拠の秤量、③不偏不党性、これがランケ流の近代歴史学の特色だった（栄田卓弘『歴史と歴史家たち』大明堂）。このルールを「ミカドの国」の歴史学界に〝ふりかける〟ことで、世界（西欧）に通用する〝調理法〟を示すこと。リースに期待された役割は、ここにあった。「史学科」における教授法を、新設されるべき「国史」学科にまで敷衍し、学問としての歴史学のあるべき姿を説くリースの指摘には、こうした意識が反映されていた。

「現今ノ史学科ノ学生ハ国史科ノ各講義及演習ニ出席スルノ権ヲ有セシメ、且其内ノ或ル学科ハ必ズ之ヲ修メシムルノ制ヲ設クベク……」（第四項）との観点は、これを語るものだろう。

いずれにしても、西欧史学と同等の方法論に立脚した「国史」学科の創設は、こうした形ですすめられた。リースが描いたこの青写真は翌明治二二年六月、実現した。

## 『史学雑誌』と「史学会」

「史学科」さらに「国史」学科の誕生は、リースにとって〝外〟からの協力でしかなかった。渡辺の諮問に寄せた彼の回答は、その限りでは〝青写真〟以上のものではなかった。「国史」学科新設の半年後に生まれた「史学会」は、リース自身の発案によるという点で、事情を異にしていた。いわば〝内〟にあっての推進ということだ。「史学科」・「国史」学科の垣根を取り払った形での「学会」の出現は、まさにリースが一貫して主張してきたものだった。

明治二二年一一月の「史学会」の誕生はその具体化された姿ということになる。同会の会長重野安繹は、創立会の席上、「本会設立ノ事ハ、余従来修史ノ職ヲ奉ジ帝国大学へ転任以後、御雇教師独逸人リースト面晤シ、氏ノ学会ヲ設ケ雑誌ヲ発行スルノ必要ナル説ヲ聴キ、余モ亦其必要ヲ感ジテ、属僚ニ其旨ヲ伝ヘタリ……」と語っており、「史学会」及び『史学会雑誌』（のちの『史学雑誌』）とリースとのかかわりを確認できる。

ちなみに、この時期は帝国大学（文科大学）内にあっても人文・社会諸分野での

「学会」が相ついで設立された時期でもあった。例えば、「哲学会」はその早い例だ。明治一七年、卒業生であった井上円了、井上哲次郎、三宅雄二郎（雪嶺）らが、加藤弘之、西周らの援助で創立し、二〇年二月には『哲学会雑誌』を創刊している。政治・法学分野での「国家学会」の誕生と『国家学会雑誌』（明治二〇年）の発刊も、この時期のことだった。さらに考古学分野での「人類学会」の設立と『人類学会報告』（明治一九年）も同様だろう（『東京帝国大学学術大観』総説・文学部編）。

帝国大学でのこうした諸学会の創設状況は、学問的世界での〝西欧化〟を意味しており、欧化政策の大きな流れでもある。こうした諸点からいえば、歴史学界も例外で

リース夫妻

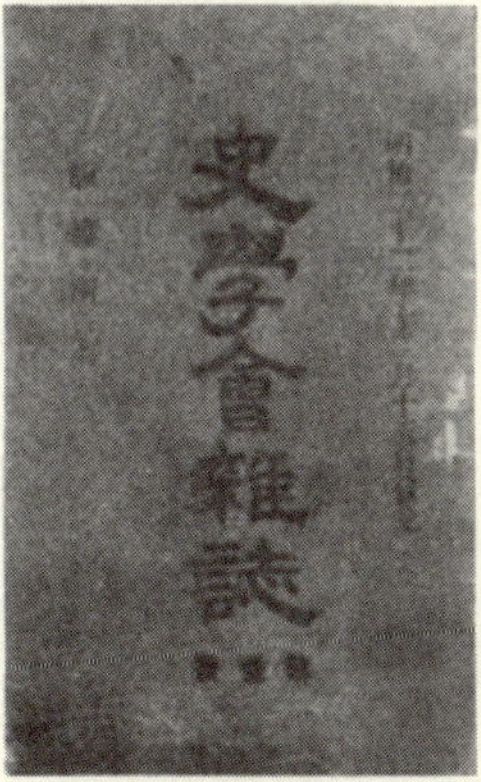

『史学会雑誌』

はなかった。その限りでは「史学会」設立も一義的にリースに帰着させることは、ひかえるべきなのだろう。

だが、この点を差し引いたとしても、彼の与えた助言は大きかった。〝雛型〟の提供という点では、「史学会」・『史学会雑誌』は、その後の歴史関係の学会や機関誌のモデルとなったようだ。こころみに、読者の多くがよく知っている関係雑誌を念頭に浮かべてみれば、わかるはずだ。論文とは別に、新刊紹介、史料の蒐集・紹介、さらに書評、あるいは学界展望が付載された形式は、すべてではないが、このリースの発案になるものだった。

こうした雑誌編集にむけての方法については、リースが「史学会雑誌編纂に付ての意見」(『史学会雑誌』一―五)と題し、意見を寄せており、参考となる。「純然タル一科学」を標榜する実証主義史学はこうして生まれた。観念的・抽象的論議からの解放を主張したのもリースである。彼は『史学会雑誌』の中心機能は、具体的史料による実証であると指摘し、雑誌の継続のためにも〝論〟を好むわが国の歴史学界の体質を批判している。

「史学会規則」によれば、この会の主な行事は毎月第二土曜日午後の例会と演説及び月刊会誌の発行となっている。創刊当時の会誌『史学会雑誌』の内容は、論説・考証・解題・雑録・記事の五項目に分かれ、大成館から発行された。その後、明治二五年一二月に『史学雑誌』と改称。発行所は大成館から冨山房に移った（『史学会創立五十年史』）。

**歴史学の〝独立〟宣言**

「純然タル一科学」としての歴史学は、たしかに〝実証〟を武器とすることで成り立っていた。「余輩の見る所にては純正史学は独逸のれおぽるど・ふおん・らんけに始まる」とは、坪井九馬三「史学に就て」（『史学雑誌』五—一）での指摘だが、リースはそのランケ流の「純正史学」の導入をおこなった。「純正史学」とは「応用史学」に対置される表現であり、教訓主義なり実用主義から解放された意味ということになる。教訓的実用的史学の立場にあっては、歴史学の科学的性質が損なわれるという。坪井の前記論文の趣旨もここにあった。

重野安繹

ところで、こうした「純正史学」の受容が可能となるためには、これを受け入れる側の土壌が問題となる。別言すればリース流の、科学的・実証的な「純正史学」の〝鍬入れ〟を可能とさせた〝土壌〟の条件の問題でもある。

ここで想い出していただきたい。江戸期近世の〝歴史学の遺産〟についてである。近代以前のわが国の学的土壌は決して貧しくはなかった。「考証学」に代表される土壌はその代表だろう。リースの〝鍬入れ〟は、これをふまえることで可能となった。西洋流の史学理論については、すでにゼルフィーの『史学』を通じ、ある程度の共鳴盤も用意されていた。そのゼルフィーの『史学』を咀嚼していた重野は、後に〝抹殺博士〟とも称されるほどの厳密な史料批判をおこない、まさに考証史学の代表と目された人物だった。

「史学会」の創設は、すでにふれたように、リースとともにその重野も関係した。「応用史学」からの脱却という点でいえば、かれらには共通の〝土壌〟があったといってもよいだろう。

「歴史ハ時世ノ有様ヲ写シ出スモノニシテ、其有様ニ就キ考察ヲ考へ、事理ヲ証明スルコソ史学ノ要旨ナラン、然ルニ歴史ハ名教ヲ主トスト云フ説アリテ、筆ヲ執ル者動《やや》モスレハ、其方ニ引付ケテ事実ヲ枉《ま》クル事アリ、世教ヲ重ンスル点ヨリ云へハ、殊勝トモ称スヘキナレトモ、ソレカ為メ実事実理ヲ枉クルニ至ルハ世ノ有様ヲ写ス歴史ノ本義ニ背ケリ、唯其実際ヲ伝ヘテ、自然世ノ勧懲トモナリ、名教ノ資トナル」

これは例の「史学会」第一回の公開講演での重野のことばだ。ここには「世ノ有様ヲ写ス歴史ノ本義」が説かれている。歴史学における「写実」の立場と表現してもよいだろう。「名教」なり「世教」なりの教訓主義からの解放は、政治から学問が分離・独立することでもある。まさに歴史学の〝独立宣言〟の表明だった。

二〇年代明治の歴史学は、教訓主義的歴史から実証主義の立場で自立する時期にあった。リースが滞在した明治二〇年からの一五年間は、その自立を通じ、自己を主張し成長する段階でもあった。明治の後期に属するこの時代について、以下ではリースの日記を横目でながめ、考えてみよう。

## 3　リースが見た「日本」

### 「島国の帝国」

リースには『日本雑記』という作品がある。〈Allerlei aus Japan〉との原題でいえば、「日本からの雑観」とか「日本からのあれ、これ」という程の意味だろう。ドイツで出版されたものである。一九〇五年の刊行というから日露戦争のころのものだ。時事批評めいた内容も多く、なかなかおもしろい。御雇教師時代の出来事を中心に記したもので、史家としての洞察に満ちた見解も少なくない。ここではその『日本雑記』を通じ、彼の日本観をみておこう（以下『日本雑記』の引用は、これを抄訳した『ドイツ歴史学者の天皇国家観』〈原潔・永岡敦訳、新人物往来社〉によっている）。

この作品に登場する時期の日本は、日清・日露両戦争を通じ、国家・政治・社会あるいは文化が大きく変化する段階にあたる。その変化を外国人の、しかも歴史家の眼で語ったものが右の書物である。日本見聞記ともいうべきこの作品はリース自身が語るように、一五年間におよぶ日本滞在中、「折りに触れて書きとめてきた観察、印象、イメージ」の書でもあった。それは「我が生涯におけるもっとも美しい時代《とき》を過ごした不思議な国」にたいしての批評の書ということらしい。

　ここには、リースの〝体温〟が伝わる叙述も散見される。〝歴史家らしさ〟という点でいえば、まずは「第一章　国家と政治」に見えるロシア皇太子襲撃事件の記述がそれだ（「明治二四年三月三一日、及び五月一五日の記事」）。大津事件とも、湖南事件ともいわれる有名なこの事件については、周知に属す。来日中のロシア皇太子ニコライが巡査津田三蔵に負傷させられた事件だ。明治二四年（一八九一）五月一一日のことだった。

ニコライ皇太子

　ちなみに、この年の出来事を年表からひろえば、内村鑑三の教育勅語不敬事件（一月）、上野―青森間の鉄道開通（九月）、さらに濃尾地方大地震（一〇月）、こんなところか。それから露仏同盟もこの年のことだ。日露戦争はこの一三年後のことである。
　リースの嗅覚は、この大津事件から日露両国のきな臭さを嗅ぎ分けている。「カイザーの国」の史家の眼は、

日露戦争

事件の意味をヨーロッパのジャーナリズムの論評に言及・紹介するなど、多角的視点で見ている（「八月二九日」の記事）。

いずれにせよ、同時代の進行中の事件が歴史家の〝濾過装置〟にかかると、どのように叙述されるものなのかの好例が、随所に散見される。例えばである。

津田三蔵の犯行を「狂人の犯行」と決めつける新聞・世論にたいし、リースは、「外国人に対する狂信的な敵意こそが凶行の真の動機」と論じ、「明治二一年以来」の排外主義の勃興と、これを扇情した日本のジャーナリズムの責任について指摘する。ここには津田の個人的気質とは別に、その「サムライ」的人生観にも言及し、事件が起こるに至る諸事情を、時代と社会と個人相互のかかわりのなかで述べている。

感情に流されないリースの筆致は、歴史家の資質という以上に、多分に外国人としての第三者的気分も左右していたかもしれない。それにしてもその思考回路は歴史学者のそれだろう。とりわけ、この大津事件の源流を、明治二〇年代以降における排外主義の高まりとのかかわりで論ずる立場に、それが語られていよう。

歴史家的思考回路でいえば、リースの日露戦争論も、史家としての真骨頂が示されている。「ベルリーナー・ターゲブラット」に掲載された記事（明治三七年一月八日付）は、戦争勃発一ヵ月前のものだが、ここにはこの戦争の本質とともに、日露開戦が「不可避」となる状況にも言及している。「朝鮮全土を手に入れようとするのは、あまりにも身勝手な日本の主張」と論ずるリースは、そこに「島国の帝国」の姿を見ようとする。

「欧米の物真似」に映ずる日本の姿は、まさに、〝アジア版の帝国主義〟ということらしい。「島国の帝国」云々は、大津事件との関連ですでに指摘されている表現でもある（「明治二四年八月二九日」）。この「島国の帝国」が、ヨーロッパに代わるべく「アジア人のアジア」をスローガンに登場したこと、リース流の日露戦争の本質論は、ここにあるらしい。今日の〝物差し〟で判断しても、リースの見解には大きな誤差はないようだ。

## 「サムライ」と「ヤマトダマシイ」

歴史家としての卓見ということでいえば、「サムライ」に関する指摘や、日本人の天皇観についての論評もおもしろい。リースは指摘する。「日本においては、封建体制を崩壊させ国民に平等の権利を保障する法治国家を打ち立てたのは、まさにサムライ身分ではなかったか」と。当たり前すぎるかもしれないこの結論も、リース流の歴史学的回路では自明のことではない。

この「サムライ身分」には、誤解がありすぎるともいう。ヨーロッパ世界の身分形成の特殊事情をそのまま日本に当てはめた結果だとする。西欧の軍事貴族と「サムライ」は異なるものであり、日本にあっては、「サムライ」の一部を除き、彼等の多くは「「一般大衆」としての中間身分」を形成した存在だったとし、この「サムライ」に象徴される「人的資源」が近代国家形成に決定的ともいえる役割を与えたという。「今まで主君に仕えてきたサムライたちは今度は中央集権国家の官僚として実務にしなやかに順応したのである」、さらに日本が「西洋文明をすばやく吸収することに成功」したのも、彼等「サムライ」が「新生日本」で果たすべき役割を自覚したためと指摘する。

日本近代の〝サクセス・ストーリー〟とでも呼び得る評論も、近代化論とのかかわりで、手をかえ品をかえ論じられてきた。このリースの「サムライ」論もその点では、目新しくはないだろうが、明治期の時点での分析からすれば興味深いはずだ。

それでは天皇についてはどうか。「カイザーの国」の歴史家は、日本の「ミカド」をどう解釈したのだろうか。「日本人の民族精神は天地とともに永遠に絶えることなく存続してきた力とみなされているがゆえに、その精神の真の継承者の魂は、たとえその肉体が滅んでも活動を止めず、この世の出来事に影響を与え続けると日本人は考えている」、リースの天皇観の根源は、ここに指摘する日本民族観に由来する。彼は日本国民を統合している「日本の魂」（ヤマトダマシイ）を「政治的宗教」という観点から説いている。

「日出ずる国の国民」に一種の神秘性を抱くという点では、リースも例外ではなかった。その神秘性とは「ミカド」＝天皇に〝血の正統性〟の象徴を求める発想ということになる。血統（王侯・貴族）の断絶を社会が要求することで、近代国家を達成した西洋にとって、東洋の島国〝日本〟が「ミカド」を抱くことで「文明」化したことは、大きな関心事だったろう。

それは天皇に代表される「文化」を温存させる形で、「文明」（近代）化を達成させせた日本への興味ということになる。こうした日本への〝まなざし〟は、「文明」の後発国たるドイツとの比較においても、関心をそそられたに相違ない。「カイザーの国」の歴史家にとって、「ミカドの国」は遠くて近い存在だったのかもしれない。

ところで、「旭日昇天の勢いあるこの国」も文化の面では大きな弱点があったという。「日本人は西洋人にくらべて個性と自意識の発達がきわめて遅れている」（第二章「文化と精神基盤」）と指摘する。そして、この弱点が克服されない限りはヨーロッパ諸国の優位は変わらないとし、「毅然とした個人主義の確立」の必要性を説く。「自己中心主義があまりに発達しすぎた」近代ヨーロッパとの対比からすれば、日本はその対極に位置するとされる。それは「一人は全体のために」という原理に支えられた発想だともリースは指摘する。

さらに、こうした日本人の精神論にふれたもののなかでも、わが国の軍人気質についての指摘はおもしろい。「大和魂」に関する分析をふまえ、西欧との比較で日本人の精神的特質に言及している。リースによれば、死のみをもって勇敢さの証とする武士道的行為は、絶対服従にもとづく日本的主従関係に由来するもので、互酬性を前提とした西欧型の主従関係とは大きく異なると論ずる。ここにあっては、勝つことを目的とする西欧の合理的な作戦と、一線を画する日本の軍人たちの資質が歴史的に指摘されており、興味深い。

以上、二、三紹介した日本人論にかかわる指摘は、この時期に来日した外国人の共有したところなのかもしれない（例えば、こうした点については、佐伯彰一・芳賀徹編『外国人による日本論の名著』中公新書、参照）。だが、この点を差し引いたとしても、リースの『日本雑記』の出色さは、史家としての着眼点が垣間見られることだろう。この視点は、以下で紹介する彼の人物論に関しても同様のようだ（第二章「異彩を放つ日本人たち」所収）。

### リースの人物評伝

抑制のきいた節度ある叙述は、歴史家ならではの表現だろう。彼の人物評には時としてエピソードまがいの情報から推論した人物描写もあるが、おおむね簡明にして要領を得た中身で参考とすべき点も少なくない。

「時宜をうかがう」ことにたけ、鋭い政治感覚で政界をリードしたとする伊藤博文への評、「早稲田の賢人」と称され、健全なる政治姿勢を持つと指摘する大隈重信への批評、さらに貴族的気質とヴォルテール流の思想を身につけた識見の持ち主として語られている西園寺公望評、等々の指摘はリースならではのものだろう。

ついでながら、その西園寺について、彼の息子をドイツで教育させるとの話に「もっとも嬉しかったお世辞」と語る場面など、愛国者リースのほほえましい一面ものぞかせる。この他にも山県有朋、大山巌などの政治家・軍人に関する評も散見する。だが、彼の筆致の冴えは当代の文化人たちに関してのものだ。

大隈重信

例えば福沢諭吉について。「日本国民の教育者」と述べつつも、「かれが倦むことなく説いたのは、活発な経済活動と行動力を発揮して金持ちになるべしというまさにむきだしの功利主義であり、金銭的成功になんら益することのない伝統的思想にたいしては、かれは一顧だに与えなかった」とも評する。文明論者福沢の保持した一面をリースは鋭く指摘しているようだ。

この福沢とならび初期明治の文明史論を隆盛に導いた立て役者、田口卯吉の人物評もおもしろい。田口の『日本開化小史』については、前にもふれた。『東京経済雑誌』の創刊、あるいは『国史大系』の編纂など言論界や歴史学界に大きな影響を与えた田口について、リースは、「日本中の学術文献の収集というきわめて困難な学問的作業に全身全霊を捧げた人」として、その「驚嘆すべき仕事の分量」と、これを学的に享受する日本人の恩恵について語っている。さらに田口の業績がかりに翻訳されることがあれば、「学問と世界文学の領域で多大な貢献をすることになろう」とも指摘する。「ずんぐりした体軀と豊かな白髪の外見」との形容で語られる田口のイメージは、文化人そのものと映じたに違いない。

西園寺公望

　役人から言論人、さらに学者でもあった田口は、また東京府会議員・市会議員にもなった人物としても知られている。いずれにしても、貴重な学問的遺産を一般の人々に広く啓蒙した歴史家ということになる。その意味ではアカデミックな世界を背負ったジェネラリスト、これが歴史家田口卯吉なのだろう。リースの田口への賛辞も右の諸点と関係するはずだ。

　福沢に比べアカデミックな業績が目につく田口の方が、リースにとって高い評価が与えられているようだ。概して新聞人を含めジャーナリズム的世界に冷ややかな彼の意識が、右のような評価を与えているのかもしれない。リースはまた、〝是々非々〟の立場で自己の学問的信条を明確に表明する学者を大いに称賛する。社会学・哲学の草分け的存在ともなった加藤弘之（一八三六―一九一六）の人物評には、これがうかがわれる。

初代の東京大学総長となったこの人物を「傑出した堅固な性格」の学者と評するリースは、流行思想に左右されない「筋金入りの」日本人だという。民撰議院設立の建白書にたいする加藤の毅然たる態度（「国民は未だ議会をもつほど成熟していない」という議会開設尚早論の立場）への賛辞もこれに関係しよう。ちなみに「日和見的な普通の日本人からすれば……日本的ではない」とする彼への評価の背後には、どうやら歴史学界をまきこんだ有名な久米邦武筆禍事件への怒りもあったようだ。

というのも、リースが加藤評を述べた文脈には、「日本の歴史学者たちが、恥さらしなことに自己批判をおこない、神官に煽られた世論にたいし自己の信念を貫き通すだけの勇気をもたなかったとき、かれは満腔の軽蔑をこめて、かれらのやり方は西洋から学びとった方法ではない、とかれらを面罵した」と語られており、ここには明らかに例の久米事件が念頭にある。神官の攻撃に屈し、「信念を貫き通す」ことができなかった歴史学界の体質、リースはこれを問題とした。これとの対比でリースの加藤評は浮上する。こんな文脈構図だろう。つまりは「日和見的な普通の日本人」の体質から自立し得ない学界への批判でもある。彼が加藤を〝信念の人〟と語るのは、久米事件を同じ歴史学の世界で体験した結果であった。

その久米の筆禍事件がおきたのは明治二五年のことだった。リースが着任して五年後のことである。次章ではこの久米事件を題材に、わが国の歴史学界の事情について考えておきたい。

# 第四章 「ミカドの国」の歴史学――久米事件とその周辺

## 1 久米邦武筆禍事件

### 歴史学の〝アキレス腱〟

「神道ハ祭天ノ古俗」(『史学会雑誌』二―二三〜二五号)と題する久米の論文が神道家に攻撃され、大学を非職とされた事件、これが世に久米邦武筆禍事件と伝えられているものである。国家権力が学問(歴史学)に介入したいまわしい事件として、史学史の上で特筆されているものだ。この事件の全容は多くの研究書に譲るとして、前章に紹介したようにリースが、あるいは加藤弘之が、この事件について口を極めて批判したものは、わが国の学問体質だったのだろう。久米の執筆意図は神道の歴史的位置づけを学問的に確定することにあった。わが国の神道は宗教ではなく、東洋の祭天の古俗だとするのが、その主張だった。

すでにふれたように、『米欧回覧実記』はこの久米の筆になる。旧佐賀藩時代の藩校の同窓に大隈重信がいたが、事件後、久米が早稲田大学で教鞭を執るのは、その大隈との縁によるらしい。漢学出身であり、文科大学以前は修史館に入り歴史編纂にかかわっていた。舌鋒鋭い論理は、当時「抹殺博士」の異名をもった例の重野以上に急進的だったとされる。「勧懲の旧習を洗ふて歴史を見よ」（『史学会雑誌』二―一九）、「史学の独立」（『史学雑誌』四―四五・四六）の論題に示された諸論文が語るように、歴史学は倫理や政治の都合から離れた独立の〝科学〟だという点にあった。「和漢の歴史も科学的に研究する」（「史学の標準」〈『史学雑誌』五―九〉）とは、他ならぬ久米のことばだが、前記の「神道ハ祭天ノ古俗」も、こうした久米の姿勢と同一の線上に位置するものだった。

加藤弘之

「蓋《けだし》神道は宗教に非ず、故に誘善利生の旨なし。……今日に至りたる習俗は、臣民に結び着て、堅固なる国体となれり。然れども神の事には、迷溺したる謬説の多きものなれば神道・仏教・儒学に偏信の意念を去りて、公正に考へるは、史学の責任なるべし」

との立場で論ぜられた右論文は、学問の〝カンフル剤〟としては、やや強すぎた。「ミカドの国」にあっては、久米が主張する〝神は人なり〟との発言は禁句とされていた。「想像中より出でたる神に子孫ありと言ふ。実に不可思議ならずや」との表現はこれを語っていよう。

天皇制国家にとっての〝危険ゾーン〟、そこには例外はない。たとえ学問でもである。〝科学〟を標榜する歴史学にとって、天皇や国家の存立にかかわる領域との摩擦はさけられない問題だろう。久米が問題とした神道の歴史的位置づけは、この時期の歴史学界にとってはその意味で〝危険ゾーン〟であり、〝アキレス腱〟だった。純然たる専門雑誌に発表された関係で、当初は問題視されずにすんだこの論文も、翌年、田口卯吉の経営する『史海』(八号、二五年一月)に転載されるに及び大きな反響を呼ぶに至った。

『史海』転載のおり、田口は久米論文に対して、次のような序をしたためた。

「余は此篇を読み、私《ひそか》に我邦現今の或る神道熱信家は決して緘黙すべき場合にあらざるを思ふ。若し彼等にして尚ほ緘黙せば、余は彼等は全く閉口したるものと見做《みな》さゞるべからず」

まさに神道家たちに対する〝挑戦状〟だった。〝すべては、ここから始まった〟といえば、あまりに結果主義に偏した物言いだが、久米にしろ田口にしろ、やや見通しが甘かったようだ。時をおかず神道家・国家主義者たちの強烈な反発が開始され、三月四日には久米は非職となり、『史学会雑誌』と『史海』は発行禁止とされた。安寧秩序を乱すとの理由だという。

「皇室に対する不敬」、神道家一派が難詰する最も大きな理由は、ここにあった（この点は「神道は祭天の古俗と云へる文章に付問答の始末」〈『明治史論集』二〉所収、筑摩書房、参照）。だが、いかに弁解し抗弁しても、「ミカドの国」にあっては、無意味であった。弁解・抗弁といえば、久米自身「世間の誤解も推知せられ候に付き、取消す方可然と決定候」との書簡を神道家の一派に送ってもいる。やがて、この〝取り消し〟発言は、「東京日日新聞」（三月四日）に神道家たちの勝利宣言という形で報じられた。

## タブーへの挑戦

リースが「日本の歴史家たち」への批判として、「神官に煽られた世論にたいし自己の信念を貫き通すだけの勇気をもたなかった」と語ったのは、まさに右の場面をさしていた。むろん「歴史家たち」すべてが、そうではなかった。田口がこれに反駁したのは当然だった。

「神道者諸氏に告ぐ」と題する反論を各新聞に寄稿した田口は、皇室に名を借りた卑劣な態度を非難し、学問研究の自由を説いた。が、無駄だった。〝蟷螂《とうろう》の斧《ふ》〟ともいうべき田口の反論は、当時の神道界に「妄説」「邪説」とされたらしく、この時期には関係機関誌『随在天神』には反久米・反田口説の一大キャンペーンも展開された（大久保利謙「ゆがめられた歴史」大久保利謙歴史著作集7『日本近代史学の成立』所収、吉川弘文館）。

そこには「斯クノ如キ大狂家ハ久米田口ノ両氏ノミニアラズ、猶他ニ一二ノ大家アルヲ見ル。ソハ国史眼ト題スル書ヲ閲ルニ、重野氏ハ我ガ正史ヲ矯メテ恣ニ私意ヲ挟ミタリ……星野氏ハ、怪クモ皇祖ヲ新羅ヨリ来タリ給ヘルナラムトノ説……ヲ載セラレタリ」（深江遠広「神道者諸氏ニ告クノ妄ヲ弁ス」）との発言さえ見える。重野安繹・星野恒《ほしのひさし》までもがヤリ玉に挙げられている。火の粉はここまで飛んできたのだ。ここにいう『国史眼』は、久米と重野の両人の手になる史書であり、大学での講義用にも資された本格的概説書だった（『国史眼』の内容及び位置づけは拙著『武士団研究の歩み』I、前掲参照）。

かれらは、後にも指摘するが、修史局出身の漢学系史家たちで、いずれも当時は帝国大学に職を奉じていた。久米事件がおきた明治二〇年代前半は、かれら考証史学者たちによる〝歴史啓蒙運動〟ともいうべきものが盛り上がりを見せる段階であった。活発な講演・執筆活動は、歴史を鑑戒の手段とする人々に〝正確な史料〟をつきつけることで、正しい歴史像を提供しようとするものであった。

歴史が〝科学〟として独立するための方向が模索され始めた時期と対応する動きだった。重野が「抹殺博士」と評されたのも、こんな事情からだった。当然ながら、守旧派と目される人々には、この修史局一派の行動や考え方は理解されない。久米事件の伏線には、このあたりのことがあったようだ。

「赤穂義士実話」（重野安繹）、「児島高徳考」（重野安繹）、「上古日韓同域考」（星野恒）、「太平記は史学に益なし」（久米邦武）。ここに指摘したのは、いずれも明治二一年から二四年までの間に書かれたその旧修史局グループの諸論文だ。その題名からも推察されるように、かれらが意図したものは、〝勧懲史観〟からの脱却だった。当然ながら、こうした方向は〝タブーへの挑戦〟をともなった。が、神道界の体質はこれを拒絶した。

「凡学者ハ正シキニ就キ稽古照今、以テ絶テ継ギ、廃ヲ興シ、国体ヲ鞏固ニシ、民俗ヲ凡化シ政治ヲ補翼シ国家ニ裨益スルヲ以テ本分トス」（『随在天神』明治二五年三月号）との久米事件にさいしての学者観を見れば、その〝体質改善〟がいかに困難であるかも理解できよう。その限りでは、久米論文は明治二〇年代前半の歴史学界の〝甘い希望〟の産物だったのかもしれない。仕懸けたはずの歴史家が、敗北したとの解釈も可能だろう。

この時期、歴史学は、〝独立宣言〟をしたばかりだった。この点は前にふれた。帝国大学史学科そして国史学科の誕生は、これを代弁するものだ。リースもここに身をおいた。そのリースは「日本の歴史家たち」の敗北の様子を見た。ここにいう「日本の歴史家」には、おそらく例の旧修史局グループが念頭にあったはずだ。

「カイザーの国」の歴史家が「ミカドの国」の歴史家たちへ期待したもの、それは〝戦いつづけること〟だった。いかにそれが苦しかろうと。だが、これを放棄した歴史学界は、「ミカドの国」の下で〝タブー〟としての〝天皇制〟への議論を封印したままで、〝考証〟のみの世界に沈潜することとなった。

## 「史学界の開店期」

久米事件はリース流にいえば、わが国の歴史学の〝弱さの表明〟ということになる。事件が起きた二〇年代の明治は「史学界の開店期」でもあった。当時を回顧した史学界の重鎮、三上参次の「懐旧談」からの表現を借用すれば、こんな表現も可能かもしれない（『明治時代の歴史学界』吉川弘文館）。その開店期の歴史学界が遭遇した「ミカドの国」における最初の本格的な摩擦熱、これが久米事件ということにもなる。

しばしば指摘されるように、明治後期は近代国家の脊梁が形成されつつある時代だった。憲法を持つことで、西欧世界に形式上参入した日本は〝帝国〟を志向し始める。かつて「ミカドの国」は、「文明」を全開で受け入れた。外部にそのエネルギーを発散させた開化期明治の歴史学も、その限りでは同一線上にあった。王政復古を旗じるしとして成立した維新政府にあって、歴史という学問は、自己の正当性を内外に示す方策の手段でもあった。

明治二年の「修史の詔」で、「六国史」以来の欠を補うべく、正史編纂の方針がたてられているのも、これと無関係ではなかった。太政官直属の史官の設置と漢文体による修史事業の開始は、復古意識の反映ということができる。その場合の復古とは、多分に中国的〝お手本〟主義であったことも忘れてはなるまい。

すでにふれたが、初期明治の歴史学は在野にあって福沢がおり、田口もいた。いわゆる文明史論の盛行だ。が、他方にあっては漢学考証主義に立脚する江戸期以来の学脈も健在だった。その意味では、「文明」の技術レベルでの洋風化はあるにしても、考証学を軸とする中国（漢学）的気風は依然根強かった。

三上参次

このことは例えば、重野が修史編纂の方針において「漢学宜シク、正則一科ヲ設ケ、秀才ヲ清国ニ留学セシムベシ」（「国史編纂ノ方法ヲ論ス」〈『東京学士会院雑誌』一―八、明治一三年〉）との発言からも理解できるはずだ。

明治二〇年代は、そうした近世以来の伝統的中国〝お手本〟主義が、歴史学の世界でも清算され始める段階にあたる。久米事件は、その清算の過程のなかで表面化する。このあたりの事情をもう少し掘り起こしてみたい。前述の、摩擦熱とはこのあたりのことをさす。

**修史事業の中止**

久米事件の影響は大きかった。久米と雁行《がんこう》する形で、「国史」学科を切り盛りしてきた重野もまた大学を去る。そして、これに足並みを揃えるように、修史編纂事業も中止される。明治二六年（一八九三）のことである。明治二年以来継続されてきた修史事業は、当初の目的をみることなく終わったのである。

「修史ハ万世不朽ノ大典……三代実録以後絶テ続ナキハ、豈大闕典ニ非スヤ」

とは、かつて修史の編纂を宣言した詔の一節だ。官撰修史はこの詔とともに出発した。太政官に設けられた歴史課は、その後の明治八年（一八七五）に修史局と改称、さらにその二年後には修史館と改められた。そのおり、明治初年の六国史の続撰方針は変更され、「大日本史」を準勅撰とする立場で南北朝以後が編纂の対象とされた。修史館はさらに内閣制度の発足にともない改組され、明治一九年（一八八六）には臨時修史局となり、帝国大学の成立にともない、その業務は史誌編纂掛として、大学へと移管された。明治初年以来の修史事業のあらましを、横目で流すとこんなところだろう。

右の点については以前にも若干ふれたかと思う。久米にしろ、重野にしろともに、その修史局グループの中枢にいた人々だった。余談だが、その重野たちは内閣から大学に移るにさいしては、感情的反発もあったらしい。一種〝格下げ〟にも似た気分だったようだ。このあたりの事情は、例の三上参次の「懐旧談」にふれられている話でもある。このことは、草創期大学の位置づけというものを考える上でおもしろい。さらに久米の表現をかりれば、修史局と大学との「養子」縁組の成立ということだった（「史学の標準」〈『史学雑誌』五―九〉）。

ところで、その〝縁組〟には問題もあった。重野・久米らの修史局グループの学風は、漢学の気風だったが、これとは別に大学には従来から国学系や水戸学系の立場の者も多かった。内藤耻叟、小中村清矩《こなかむらきよのり》、木村正辞《きむらまさこと》、物集高見《もずめたかみ》、栗田《くりた》寛《かん》といった人々である。むろんすべてが「国史学」ではなかったが、国史・国文の垣根が定かでなかった当時、修史局グループが他所者《よそもの》であった感はまぬがれなかったに相違ない。その上、抹殺史観への世評もあり、かれらの立場は微妙だったろう。これにドイツ史学のリースが入ったわけで、当時の官学史学の舞台裏は、さぞや活況と混乱もあったと想像される。

ともかく二〇年代前後の官学史学界は、こうした一種の寄り合い所帯ともいうべき諸勢力のなかで推移する。

### 国漢両派の争い

当然のことながら、両者の軋轢は年を追うごとに激しさを増した。久米事件は、そうした学界内部での摩擦熱が発火したという面もあった。このあたりの事情を確認するためには、リース来日以前にさかのぼりたい。

明治一〇年代、すでに、国学派は外部にあって皇典講究所（国学院の前身）を組織し、独自の動きを示していた。神道系の人々と連携しつつ、和文による国史編纂を企図していた。そこには漢文式の編年修史による重野ら修史局グループへの対抗もあったという（『明治時代の歴史学界』前掲）。こうした動向は明治一〇年代の後半には顕著となる。

明治一六年、平田派国学の中心的存在でもあった丸山作楽《まるやまさくら》（一八四〇—九九）による史学協会の成立と『史学協会雑誌』の発行は、そうした動向を語るものだろう。井上頼圀《いのうえよりくに》（一八三九—一九一四）、黒川真頼《くろかわまより》らの国学者や栗田寛・内藤耻叟ら水戸学者が結集したこの組織は、その設立趣旨にも明らかなように、日本建国の特殊性、皇室への尊崇、さらには日本民族の優秀性を標榜していた。それはまさに「国体史観」とも呼ぶべき歴史観に立つものだった（大久保利謙『日本近代史学の成立』前掲、参照）。

星野　恒

ちょうど、この時期は重野・久米あるいは星野恒らにより「抹殺主義」が世論をにぎわせていた。この明治一〇年代は、一方で文明史が在野史学の流れでさかんだったが、他方では、この修史局グループが考証による啓蒙活動を展開していた。『大日本史』あるいは『日本外史』といった名分・鑑戒史学への洗い直しがなされていた。二〇年代半ばの久米事件までのおよそ一〇年は、そうした近代史学が自立するための国漢両派による〝知恵熱〟が燃焼しつづける時代でもある。その意味では久米事件の遠因は、この段階に胚胎していることにもなる。

リースが久米を、あるいはその周辺の歴史家を批難した理由の正しさは疑いないとしても、「ミカドの国」の胎内にある病根は、単にこれを〝切除〟すれば解決できるものでもなかった。病根は信念と同居していた。この信念をも除去すれば、「ミカドの国」の〝心音〟は停止してしまうかもしれない。

「神道ハ祭天ノ古俗」は、まことに勇ましい題名だった。歴史の内在的発展を軸に、神話をとらえ直すという見事な論証は、その見事さの故に抹殺された。神話から歴史を創造する人々にとって、それはふれてはならぬものだった。

史料に立脚し史実を推定することは、時として政権の基盤を揺り動かすことにもなる。久米自身、あるいは彼の言説の波紋を多少は考えていたのかもしれない。このため彼は〝保険〟をかけてもいる。本論に先立ち、

「君臣上下一体となりて結合したる国体の堅固なる所にて、思へば涙の出る程なり。衆人の口癖の如くに称する万代一系の皇統を奉し、万国に卓越したる国なりとは、かゝる美俗の全国に感染し、廃らぬ故に非ずや」

とも指摘している。だが、しかしこの〝保険〟は必ずしも有効ではなかった。

## 2 「ミカドの国」の輪郭

### 明治の出生証

大雑把に表現すれば、「ミカドの国」たる明治は自己を世界に示すために、かつての天皇を水面下に凍結させたともいいうる。明治前期に顕著な文明（万国）主義は、〝量〟として国家主義に連接する文化（内国）主義を、おおっている。こんな整理の仕方も可能だろう。

二〇年代以降の明治後期は、その凍結されていた国体観念が、次第に融解し始める段階ということになる。むろん、それが強力な天皇中心主義にシフトするには、〝時間〟を必要としたが……。すでにふれたように、それは欧化主義から国家主義への推移であり、文明主義から文化主義への移行だった。

帝国大学におけるドイツ史学の導入と「国史」学科の成立も、これと無関係ではなかった。さらに帝国憲法の成立は、「カイザーの国」に範を求めつつも、世界と平均化するための文明主義への帰着だったが、同時に天皇の不可侵性に象徴化されるように、文化主義への回帰も内包するものだった。明治後期はその意味では、こうした天皇的文化主義が国家主義として台頭しつつも、文明主義と相半ばし、拮抗しつつある段階だった。

明治はたしかに幾つかの出生証を有した。近代国家としての出生証である。王政復古も明治の憲法も、そうした出生証の一つだった（この点、井上勲『王政復古』中公新書、参照）。前者は国内統一のためのナショナリズム結集の起点として作用した。復古の名の下で「文明」に参入するための「ミカドの国」は、これを機に誕生する。後者は立憲君主の名の下で〝帝国としての日本〟を西欧に同質化させるための出生証ということもできる。

ここで想い出していただきたい。江戸期における「ガリヴァー」的世界についてである。近世は総体として見れば、「文明」としての西欧は〝点〟としてのオランダに体現されていたにすぎなかった。このことは、すでにふれた。〝面〟としての「文明」は依然としてアジアの中国だったといってよい。学問（歴史）レベルでの朱子学が、江戸期を通じ正学とされたことは、その証左でもある。例の考証学もまた、その中国を〝ふるさと〟とした。

だが、幕末天保期――それは水戸学が登場する段階であるが――は、鎖国下の日本にとって〝点〟にすぎなかった「文明」としての西欧が、〝面〟として認識される時期だった。例えば、アヘン戦争だ。この戦争では従来、わが国が長らく文明として依拠し、手本とした中国が敗れたのである。「ガリヴァー」の末裔たる英国が巨大なる力をもって中国を圧倒したのである。

「無礼無義の醜虜を以て、堂々たる仁義の大邦を挫衄《ざじく》するに至る。是亦何ぞや」との斎藤竹堂『鴉片始末』（天保一五年）の一節は、その衝撃の表明に他ならない。「無礼無義」の英国が、「仁義の大邦」たる中国を破るとは、何故なのか。「断ずるに義を以てす」との朱子学的歴史観でいえば、「曲は英に在り、直は清に在る」ことは、明白だった。この戦争はわが国の世界認識を大きく揺り動かした（宮地正人「幕末・明治前期における歴史認識の構造」〈日本近代思想大系『歴史認識』所収〉参照）。

それは〝力が正義〟との西洋の理念が、〝正義が力〟であるはずの東洋の理念に勝利したことを意味した。それはまた「文明」としての西（西欧）と東（中国）の対決ということにもなる。多分にステレオタイプ的物言いだと承知の上で表現すれば、こうした理解も可能だろう。幕末期はその西欧的文明主義への自覚を、科学・技術レベルの世界において射程に入れた。が、人文的世界にあっては、「仁義の大邦」中国への憧憬は依然として根強いものがあった。

幕末天保以降の歴史認識は、この中国的文明主義と西欧的文明主義との関連で、大略三つの流れが存した。一つは洋学グループによる学流で、後の文明史に流入する立場、二つは漢学考証派のグループによる学流で、後の官学アカデミズムに流入する学流、そして三つ目は国学・水戸学による流れだ。

このうち前二者は、その比重を西欧か中国かのいずれかに置くにしろ、広く思考・意識の光源を外に置くと解せられる「文明」主義に依拠する立場ということができる。三つ目の国学・水戸学は、多分に運動論的色彩を強く持ち、「文明」主義との切断において、自己を見出す方向性を有した。それは、観念としての「正義の体系」で包まれた朱子学に「国体」の意識を付与し、日本的に変換することで、登場したものだ。水戸学は前述した幕末における世界認識の変化のなかで、中国的文明主義（朱子学的世界）を、日本的世界に〝接ぎ木〟することで成立したともいえる。その限りでは思考の光源は内部に保持していた。

それでは、その〝接ぎ木〟は何故に日本的であり得たのか。この問いのなかに、「ミカドの国」の歴史学の本質も宿されている。この問題を詰めるために、もう少し輪郭を掘り下げておきたい。

## アジアにおける「日本の発見」

水戸学が朱子学の日本的変換の所産であることは、すでにふれた。別の言い方をすれば、日本的なるものへの回帰を通じての、朱子学的文明主義からの分立ということでもある。さらにいえば、このことはアジアにおける「日本の発見」という場面にもつながる問題ということができる。

尊王思想を核とした強烈な復古の理念が、討幕運動に点火されることで、それが、明治の誕生に寄与したとすれば、維新明治の「王政復古」とは、そのアジアにおける「日本の発見」の政治的表現でもあった。しかし、この「日本の発見」は直ちにアジアからの離脱（脱亜）には、結晶化していない点も確認されるべきだろう。

例えば「王政復古」後に出された、「修史の詔」である。そこに示されている漢文体による正史の編纂意識は、中国（アジア）的文明主義との同居を語るものだろう。つまりお手本を中国に求めつつ、日本を発見する行為ということになる。その限りでは、「王政復古」を起点とする第一の出生証が内包したものは、中国・西欧ともども「文明」として受け入れる立場であった。それは「力が正義」との西欧主義に目ざめつつも、「正義が力」との中国的観念も存立し得る立場ということになる。

歴史学の問題に引き寄せれば、官撰修史の漢学的な編纂意識は、その中国的「亜」の世界の産物だろうし、在野の洋学者による文明史論は「欧」の世界のものだ。一〇年代明治は、この両者が、表面上は二つの潮流としてあった。

しかし、水面下では、水戸学あるいは国学に込められた「日」の世界もあった。この凍結された「日」の世界が解除され、国家主義の下で自己を主張し始める段階が、明治国家における第二の出生証としての「帝国憲法」だった。明治後期は、前期に顕著な「文明」主義が、その民族的文化主義と対抗しつつ推移する。大枠の見取り図でいえば、中国的文明主義が、まずは排斥の対象とされた。〝脱亜〟論である。大づかみにいえば、この〝脱亜〟の観念が登場するのは、明治一〇年代の半ば以降だ。

## 二つの出生証をめぐって

この脱亜論について少しふれたい。あまりにも有名な福沢の脱亜論については、誤解も少なくない。「西洋の文明国と進退を共にし」、「心に於て亜細亜東方の悪友を謝絶するものなり」（『時事新報』明治一八年三月一六日付）。

いうまでもなく、この脱亜論の背後には、朝鮮支配の問題があった。種々なる議論は承知しているが、それは横におきたい（この点、例えば、坂野潤治『明治・思想の実像』創文社などを参照)。ここでのポイントは、福沢をはじめとした当時の知識人たちの中国(清)に対する認識だ。福沢のスベリすぎている表現から、われわれは今日的物差しで、〝侵略〟思想をそこに投影しがちだ。そうした要素がなかったとはいえないだろうが、これまで指摘した諸点をかみ合わせるならば、この福沢の脱亜論の背景には、中国に対する脅威も半ばしているようである(このあたりは、日本近代思想大系『対外観』岩波書店、も併せて参照)。

「文明」としての中国への潜在的脅威は、もちろん明治後期の日清戦争で終わる。だが、この福沢的脱亜論の段階は、「文明」の中国との武力衝突への恐怖が優先していたと判断される。ちなみに、以前にも紹介した三上参次の「懐旧談」などを読む限りでは、巨大軍艦「鎮遠」「定遠」を保持した清国に勝ち得る見込みは難しかったらしい。ましてや、この一〇年代の後半の時期においてをや、というところだろう。

ここで脱亜論を云々したのは、明治前期の精神ともいうべき〝和親万国〟(文明)主義の在《あ》り様《よう》を確認しておきたかったからでもある。その点からすれば、前期明治の福沢的脱亜論は、脱亜観念の醸成以上のものではない。乱暴すぎるが、明治は未だ「文明」的気分とともにあったと考えたい。「ミカド」の語感に含意されている文明主義は、依然としてこの国の表皮をおおっていたのである。

話を戻す。第二の出生証たる「憲法」についてである。第一の「王政復古」がアジアにおける「日本の発見」だとすれば、「憲法」は西欧との対比でいえば世界における「日本の発見」だった。立憲国家となることで、世界への「日本」のステップを可能とさせたからでもある。前者は日清戦争での勝利で、後者は日露戦争での勝利で、その「発見」が、それぞれ現実のものとなる。

おそらく、「文明」主義からの完全なる脱却は、実は、これ以後のことなのだろう。こんないい方をすれば、近代サクセス・ストーリーを再生産しているようで気がひけるが、ここでの主題は、二つの出生証が、それぞれに「文明」という外的世界認識とのかかわりで、どんな位置づけを持つのかを、おさらいしたかった。

江戸中期の「ガリヴァー」的世界がもたらした、点としての「文明」主義は、一九世紀のわが国の胎内で成長し、近代明治に至り、「ミカド」的世界で開花し、継承された。その後の日清・日露の両戦争は、かつての「文明」主義を「文化」主義へと転換させる時期でもあった。この間、「ミカド」的胎内には、「天皇」的要素が芽吹いていた。

「王政復古」と「憲法」という二つの出生証には、「量」としての「文化」主義も当然のことだが附着していた。だが、そこでは「文明」主義とも呼び得る〝和親〟協調路線が全体をカバーしており、一国的・民族的「文化」主義は顕著ではなかった。こんな整理の仕方も可能だろう。

「ミカドの国」の輪郭について、ご理解いただけたであろうか。この国の学問（歴史学）のかたちも、右に示した輪郭と無関係ではなかった。この点をふまえつつ、われわれはもう一度、歴史学の世界に立ち返ることにしよう。

## 3　久米事件の源流

### 「抹殺史学」への批判

久米事件のおりの文相は井上毅《いのうえこわし》（一八四三—九五）であった。伊藤博文の〝懐刀〟とも評されたこの人物は、明治憲法成立の立て役者の一人だった。その井上は久米事件の直後、修史事業を解体する。

久米の追放後、これにかわり講座を持ったのが栗田寛（一八三五—九九）である。旧水戸藩士で『大日本史』の「志・表」の編纂にもかかわった「最後の水戸学者」と目される人物だ（三浦周行「栗田寛先生」〈『日本史の研究』第二輯下、岩波書店〉所収）。その栗田は井上に史誌編纂掛中止後の新史局設置にむけての構想を提出している。明治二六年三月二七日付の書簡（『井上毅伝』史料編三）には、「皇統国体ニ関スル処ヲ慎重ニシ、大義名分ヲ詳ニシ」た編年史の編纂を進言した。

その主張は漢文体を排しての『大日本史』以後の和文による修史ということだった。そこには、まことに水戸学者らしい主張がちりばめられている。おもしろいのは、右の栗田の構想には、新史局の長官に川田剛（一八三〇—九六）を推している点だ。旧備中松山藩士だった川田は、明治一四年の修史館改革のおりに、重野グループと袂を分かち、宮内省に転出した人物である。重野と並ぶ漢学考証学派の逸材とされた史家だった川田が、久米や重野なきこの段階で再浮上するあたりは、明治後期の歴史学界の方向を計測する材料ともなろう。

川田はかつて、重野の抹殺主義をめぐって、激しい論争を展開したことがある。久米事件の数年前のことだ。重野と同じく幕府の昌平坂学問所に学んでいるが、史風において両者はともに考証の学流に属していたといってよい。それだけに同一土俵に立つ二人の論争には運動論的臭気が少なく興味深いものもある。その論争の根底には、すでにふれたように、例の「抹殺主義」への批判があったようだ。三浦周行《みうらひろゆき》の言葉をかりれば「重野氏一流の人々は、従来国民の間に信ぜられて其誇ともなってゐた人々を否認し去り、若しくは史実としての根拠の薄弱さを暴露した」というものだった。

こうした抹殺主義と評される動きは、明治一〇年代後半から二〇年代前半にかけての時期に盛行を見た。そこでは、三浦の指摘をまつまでもなく、南朝の忠臣とされ、『太平記』的世界で英雄とされた人々や出来事が疑問視された。児島高徳の実在性、楠木父子の桜井駅別離の史実性をはじめ、弁慶の存在、さらには日蓮の元寇の予言や龍ノ口の法難などに疑義が呈されたのである。

俗説史学の誤りを排すとの立場でのこうした方向は、修史編纂事業の副産物ではあったが、〝官〟に身を置く歴史家からの提言でもあり、反響は大きかった。川田がその「抹殺史学」に論戦を挑んだのは、明治二三年「自著外史弁誤の話」(『東京学士会院雑誌』一一―四)でのことだった。以後、「考証学の利弊」(『皇典講究所講演』三三)、「湊川楠公碑の話」(『皇典講究所講演』九八)、「再湊川楠公碑の話につきて」(国学院編『国史論纂』所収)と自説を展開している。この間、他方の重野は、「川田博士外史弁誤の説を聞て」(『史学雑誌』一―六)、「川田博士神皇正統記の読様《よみやう》」(『史学雑誌』四―四〇)などで論陣を張った。

## 川田史学の位置

この論争の細部は別として、川田は重野の考証一点張りを嫌ったらしい。「余は破壊をば美徳に非ずと断定せり」（「再湊川楠公碑の話につきて」）とは、極端な考証癖が歴史の真相を見失わせることへの危惧の表明だった。川田は『日本外史』のような名教主義的な史論書にあっても、部分否定のみで事足りるとの立場を採った。このあたりは、『日本外史』を毛嫌いしたという久米邦武とは好対照をなす。

それはともかく、考証派に属しつつも、川田のこうした柔軟さは、修史編纂事業での史料の選択性にも影響を与えた。川田が右の論争で主張するのは、信頼性がうすいとされた物語・日記類の活かし方の問題だった。名教主義にともなう史料選択の基準が問題とされた。この点、重野が「史学ハ名教ヲ放棄スルノ主義」と言い切ったこととの相違にもつながる。〝これも是〟とした川田と、〝これは非〟とした重野の違いだ。

こんな書き方をすれば、近代史学の祖と目されている重野の考え方が、いかにも狭量のごとき誤解を与えるかもしれない。が、それにしても重野を含め、修史局グループの抹殺主義には、科学的とか啓蒙的とかの形容以前に、彼が嫌悪した名分主義が、学問とは別の次元で組み込まれたのではないか、と思いたくなる。逆にいえば、江戸の朱子学的遺産も体質として受け継いだ彼等であるが故に、内なるその体質を否定するための戦いを自らに課したのかもしれない。これは感想でしかないが……。このあたりの史料の採択問題についての認識は、今日の歴史学にも通有する問題だろう。

いずれにしても、重野に対峙されるべき川田の立場は、国学・国文学派の共有する意識ということにもなる。川田が修史編纂にさいし和文を主張していたことも、これと無関係ではない。こうした理解に立てば、前述の栗田の新史局開設にむけた井上宛書簡にあって、川田を推挙した理由もわかるはずだ。

川田の史学は、その傾向からたしかに国学にもつながる方向性を有していた。重野との論争において、彼の論文が国学系の皇典講究所に拠ったことも、それを語っていよう。その意味では川田は明治前期にあって主流となった修史局派と傍流となった国学・国文学派との接点として位置づけられるべき人物だったと考えてよいようだ。

## 明治一四年の〝学変〟

久米事件の前提をなす国漢両派の発熱状況について、もう少しつづけたい。

川田・重野の論争の背後には、すでに見たように抹殺史観をめぐる問題があった。が、その深部には、両者の感情的対立も伏在していた。以下では、その感情的対立にふれておく。『学海日録』をご存知だろうか。演劇改良運動にも参画した漢学者依田《よだ》学海《がっかい》（一八三三—一九〇九）の日記である。近年刊行され、注目を集めている書物だが、これを読むと政界をはじめ、当時の世相が手に取るようにうかがわれ、まことに興味深いものがある。歴史学界の事情ももちろん録されている。その学海は川田と親交があった。旧佐倉藩出身の学海は、一時修史館にも身を置いていた。そうしたことで、その『学海日録』には論争以前の重野と川田の確執も語られている。

話は明治一四年にさかのぼる。この年は歴史上著名な事件が起きた年だった。「明治一四年の政変」と呼ばれる政府部内の暗闘である。開拓使官有物払い下げ事件に端を発し、伊藤博文との対立から大隈重信が罷免された事件である。『学海日録』はこの件に関しても詳しく指摘しているが、ここでは同年に起きた歴史学界内部での〝学変〟とも呼び得る事件にふれておく。要するに重野による川田の修史館からの追放事件だ。この年は修史館の機構改編がなされた。同じ漢学派ながら、修史館内部には修史の編纂方針をめぐり重野・久米・星野と川田・依田両派の確執があったという。中国的漢文修史編纂の是非をめぐる両派の対立ということでもある。明治一四年の〝学変〟は、この対立を川田グループの追放という形で清算した。

「こはかねて重野安繹が奸謀にて、川田その余の人々を逐去り、己独史館の任を専にせんとするの策」（一一月九日条）

との学海のことばは、これを語るものだろう。むろん川田と親しい関係にあった学海の立場からの観察でもあり、鵜呑みにはできないが、この時期の修史館人事の刷新に、重野が深く関与していたらしいことは否定できないようだ。そのあたりの様子はやはり日記を読まなければ伝わりにくい。

それにしても、学海の重野評にはかなり手厳しいものがあるようだ。「安繹が姦悪なるは今に始りし事にあらず」との川田のことばを紹介しつつ、その「詐謀たくみ」ぶりを、昌平坂学問所時代にまでさかのぼり糾弾する記事も見える（一二月一〇日条）。ここには主流派から排された人々の憤りが、ほとばしり出ているようでもある。こうした『学海日録』に語られた重野像が、史実を伝えているか否か不明だとしても、史学史上の一齣として、知っておいても損はないだろう。

ともかく、明治一四年の〝学変〟とも称すべきこの事件で、重野グループの修史館内部での立場はより強固になった。

修史事業としての『大日本編年史』は、その〝学変〟の翌年からスタートする。重野が念願していた漢文編年修史の開始である。編年の対象とされたのは『大日本史』以降の時代だった。重野らの抹殺主義が、その修史編纂上での副産物である旨については、さきにもふれた。とりわけ、『太平記』記載南朝忠臣の事蹟については史料上の根拠から種々の疑義が寄せられた。

この南北朝期が焦点とされたのは、『大日本史』に継続させる修史編纂の過程で、南北朝がちょうど接点に当たる時代でもあり、修史館の歴史家たちの関心も、ここに集まっていたという事情もあった。いずれにしても、例の抹殺主義と評された重野たちの諸論文・講演は、その〝学変〟以後に属する。

これ以後の久米事件までの一〇年間は、巨視的には国学・水戸学との対立という構図だろう。漢学内部の抗争（「一四年の学変」）で主導権を握った重野グループの、新たなる相手は、学脈の上では別に位置したその国学・水戸学だった。今度の相手は「天皇」も、さらには「神」も擁することさえある強力で手ごわい勢力だった。そこにはかつて「ミカド」的開化主義のもとで凍結を余儀なくされていた国体史観を奉ずる人々もいた。

この国体史観は重野や久米による勧懲主義への批判で〝熱〟せられ始めていた。徐々にではあるが、例の〝学変〟以後、歴史学の世界でも国家主義の国体史観が、具体的姿を見せはじめる。前にもふれた明治一六年の「史学協会」の誕生や同時期の岩倉具視の提唱にかかる天皇国家史とも称すべき『大政紀要』の編纂の動きは、これを示すものといいうる。

## 水戸学について

ここで時代をさらにさかのぼらせたい。時代のチャンネルを江戸に合わせたいと思う。例の国体史観の問題を考えるためだ。幕末に登場した水戸学については、わずかながら前にもふれた。

岩倉具視

余りにも有名なこの学問の名は「尊王攘夷」思想の代名詞として流布している。近代はこの思想を「忠君愛国」思想として合体させたといわれてもいる。戦前において、さかんに流布された「国体」観念は、その水戸学の〝発明〟にかかるらしい。水戸学とは広く『大日本史』編纂の過程で醸成された歴史認識だが、厳密には天保期以降に本格化した学問ということになる（市村其三郎「大日本史の特色について」『本邦史学史論叢』下巻所収、冨山房）。

よく知られているように、『大日本史』は中国史書に見える紀伝体方式を採用した。徳川光圀《とくがわみつくに》が明の朱子学者朱舜水《しゅしゅんすい》を招き、着手したもので完成は明治の後半だった。その間、中断もあり、編纂方針をめぐり種々なる論議もあったとされる。大まかにいえば、本紀《ほんぎ》・列伝《れつでん》部が完成する享保期あたりまでを前期、その後の中断の時期をはさみ、志《し》・表《ひょう》の部が本格化する天保期以降が後期ということになる。天皇や将軍などの人物を配した本紀・列伝（紀伝）に対し、志・表とは制度史や部門史に該当するもので、わが国固有の文物の沿革を記すものだ。

解説に類することを述べたのは、江戸期の遺産である朱子学理念の分水嶺をおさえたいからである。政治的運動にシフトする狭義の水戸学は、その後期に本格化する。藤田《ふじた》幽谷《ゆうこく》（一七七四―一八二六）・東湖《とうこ》（一八〇六―五五）、さらには会沢正志《あいざわせいし》斎《さい》（一七八二―一八六三）に代表される水戸の史論家が輩出し、「尊王攘夷」の思想は体系化される。天皇・皇室に対する意識もここにあっては変化する。朱子学の〝日本化〟とも呼び得る状況だろう。

徳川光圀

中国的儒教理念を根幹とする朱子学は、過去の人間の行為を道徳的・倫理的規範に求める。いわば、道徳律という人類共通のルールを「理」を基準に裁断する立場である。「理」を物差しとするこ

会沢正志斎

藤田幽谷

の立場は、共通性・普遍性という局面が全面に押し出されているわけで、一種の「文明」主義と解することもできる。

その限りでは、支配者・権力者も相対化・客観化してしまう〝合理〟の意識が根底にある。将軍さらには天皇・皇室さえも例外ではない。〝天子たるものは天子たる行為を〟ということである。『大日本史』は前期にあっては、その編纂意識にこの「理」の尺度を用いた。それ故に、後白河院や後鳥羽上皇なども、秩序を乱した人物とされる点では、「理」のルールに照らし批判の対象とされたのである。

ちなみに、中国では古来「革命思想」が認められていた。〝天の命が革《あらたま》る〟というこの考え方では、支配者の交替・王朝の変革は〝天の命〟にもとづくとされる。

〝天気〟という語がある。天の御気色《みけしき》のことだが、天の命を受けた支配者たるものが、徳政・仁政を施さなければ、その天の御気色は荒れるのである。天候不順となり、民衆は苦しむ。民衆は良き支配者を求め、〝革命〟の権利を有す。これが中国的革命意識だ。それ故に中国での歴史編纂の意識は、支配者といえども絶対視されることは少なく、新たなる王朝は天の命により支配者となり得るとの認識があった。それは「理」による歴史の相対化にもつながる意識ということになる。

**〝革命〟の否定**

この革命思想も、朱子学的倫理とともにアジア（中国）版「文明」主義の一つだった。水戸学の〝発明〟にかかる「大義名分」「尊王攘夷」思想は、その普遍的尺度としての理的な「文明」主義を拒否したのである。「大義名分」論とは〝主君〟に対する忠誠と、〝国家〟に対する服従とを絶対視し、これを道徳の基準に置こうとする考え方だ。それは仁や孝を徳目の中心に据えた儒教的道徳思想とは異質なものであった（この点、尾藤正英「水戸学の特質」〈日本思想大系『水戸学』岩波書店〉、及び丸山眞男『忠誠と反逆』筑摩書房、を参照）。当然ながら尊王意識も、その延長にある。そこでは革命思想は否定されねばならない。

以上のことを歴史認識の問題にすり込むとどのような理解が与えられるのであろうか。前述したように『大日本史』の後期にあっては、志・表といったわが国固有の制度の沿革が編纂の中心とされた。それは、〝日本による、日本のための〟文物諸制度の由来を歴史的に解明することだった。

この点には、近世史学の大きな潮流であった考証学の影響はもちろんあった。例えば『参考源平盛衰記』をはじめとする緻密な作品もそうした水戸の考証学の産物だろう。こうした面はあるにしても、水戸学の本質は国体史観とも呼ぶべき豊富な運動量にあった。水戸学により接ぎ木された〝日本版〟朱子学にあっては、天皇・皇室は決して相対化され得ない聖なる存在であった。天皇の不可侵性は、神話と同居することで、歴史意識のなかに織り込まれる。

これを前期の『大日本史』が受け入れた朱子学と対比すれば、その違いは明白であろう。

そこでは天皇・皇室といえども批判の対象とされていたわけで、同じ『大日本史』ながら前期と後期の歴史編纂意識は決して同一ではなかった。このことは『大日本史』の編纂意識にもかかわる。つまり何故に、南朝滅亡を以て筆を止めたのかという問題だ。そこには中国的革命思想の是認があったという。指摘されているように、それは神武天皇に始まり南朝へと継続された一つの王朝の終焉《しゅうえん》を意味したものだった。

室町期以後の北朝は、武家に擁立された新王朝との認識によるとの理解に他ならなかったという（尾藤前掲論文）。『大日本史』における南朝正統論も、この考え方に立てば、朱子学的合理の所産にすぎないわけで、「覇《は》」としての武家が戴く北朝を、どう位置づけるかは別の問題ということになる。

だが、対外的危機のなかで「日本」という「国家」を問題とした水戸学は、南朝正統論を背負いつつも、その南朝の〝断絶〟よりも、〝継続〟に重点が置かれた。南北朝の対立にもかかわらず、皇統が一貫して継承されたことが重要だったのである。その意味で水戸学を生み出した後期の『大日本史』的世界では、拠るべき思考の重点は「中国」から「日本」へと移ったことになる。意識化された「日本」主義の発芽ということでもある。

こうした国体史観の源流をなす水戸学においては、南朝の忠臣たちは、単に朱子学的な世界での〝義〟に殉じた人間という倫理的尺度よりは、逆境にあっても〝天皇〟（国家）に殉じたその行為、絶対忠誠のその行動によって称賛されたのである。南朝忠臣たちの評価の尺度は、明らかに異なっている。

それはおそらく「文明」としての朱子学にリンクしていた『大日本史』的世界と、

朱子学を〝日本版〟の「文化」に接続させた「水戸学」的世界との相違だったのかもしれない。しかし、この両者に共通するものもあった。名分主義である。その限りでは、幕末水戸学は〝義を以て断ずる〟式の名分意識も継承し組み入れることで、歴史の学問に影響を与えることになる。

### 考証史学の挫折

再び話題を明治に戻すと、重野らの考証学派が相手としたのは、そうした江戸期の名分論の世界だった。この明治の前半の時期、西欧的リース流の実証主義の移植はなされていない。が、わずかではあったがその片鱗には接し得た。以前にもふれたゼルフィーの『史学』である。〝学問ハ遂ニ考証ニ帰ス〟との重野の信念は、そのゼルフィーの西欧史学に接触することで味方を得た。だが、名分論に依拠した江戸の学的遺産は堅固であった。とりわけ、神代の世界と南北朝の世界は、国学の、そして水戸学の聖域だった。『大日本史』が叙した神武から南朝滅亡までの歴史における、起点と終点の時代だ。

修史事業はその編纂の過程で、そうした堅固な聖域にも鍬入れをしなければならなかった。その掘り起こしのなかで、まずは南朝忠臣たちの史料的根拠が云々された。

世評、抹殺史観と批判されたグループへの風当たりは、こうした状況のなかで登場する。久米事件もまたその延長にあった。「天皇」を、「国体」を、「日本」に発見した水戸学にとって、神代と南北朝は禁忌（タブー）の領域だった。それは「ミカドの国」の出生にかかわることだったからだ。

「王政復古」は、その出生証だった。その誕生は過去との遮断で実現した。この場合の過去とは、とりあえず武家の否定である。徳川も足利も否定することができる天皇親政への回帰だ。後醍醐の建武の新政は、「王政復古」の理念を実現した「明治」が知覚できる時代だった。だが、この建武に戻ることは、足利・徳川の時代以来、明治の新時代まで継承された「北朝」の否定にもなる。ここにあっては、単に天皇親政に戻るだけではなく、更なる歴史の否定が必要となる。院政も、武家の始発となる鎌倉幕府も、さらには摂関藤原氏も、すべてを否定した上での親政の時代、これが神武だった（この点、井上前掲書も参照）。

時空を超えた神代という原点に戻ることで明治は誕生した。明治の歴史学は、そうした思考の〝分泌液〟が附着していた。

むろん「ミカド」的文明主義の下では、この〝分泌液〟は凍結されていたが、時として熱せられ融解した。南朝忠臣に対する抹殺史観や久米論文は、それに包まれていた国体史観を刺激せずにはおかなかったのである。考証史学は、その運動量が豊かな、幕末の遺産を除去し得る学問的利刃が充分ではなかった。

明治後期の歴史学は、そうした考証史学の挫折の上に、西欧的実証主義を武器としつつ推移する。だが、幕末に〝光源〟を有した国体史観は、その間にあって国家主義と同居しつつ、その威力を拡大していった。久米事件から二〇年後、再度歴史学は挑戦をうける。南北朝正閏論争である。今度の相手は〝開封〟されつつあった「天皇」だった。

以下では、明治四三年に起きたこの事件を題材にしつつ、話をすすめたい。

# 第五章　「ミカド」から「天皇」へ――喜田事件とその周辺

## 1　南北朝正閏論争

### 事件のあらまし

学問の〝ゆがめられ方〟という点では、久米事件とともに、近代の史学史の上で必ず取り上げられるのが、この南北朝正閏問題だろう。〝ゆがめる〟エネルギーは「ミカドの国」が象徴する天皇とのかかわりだ。その意味では久米事件と同根だった。事件の中身を事典風に記せば、「南北両皇統のどちらを正統とするかをめぐる論争。明治四四年（一九一一）、国定教科書に南北朝を対等に記述していることが、帝国議会で問題化した事件」ということになる。

よく知られているように、この事件は幸徳秋水らの「大逆事件」と同じ時期に起こった。天皇暗殺未遂事件と報じられた右の事件は、「ミカドの国」として誕生した明治国家の終わり方を考える上でも興味深いものかもしれない。むろん未遂だとしても

幸徳秋水

「人民の国」を創造し、国家を相対化させるための意識の発露にはちがいあるまい。おもしろいのは、事件の連累者の一人が、久米の『大日本古代史』を読み、日本紀年への不信を惹起させられたとの、巷間に伝わる話もあるらしい（『日本近代史学の成立』）。

それはともかく、桂太郎内閣の倒閣運動にまで発展したこの南北朝事件は、文部省教科書編修官・喜田《きだ》貞吉《さだきち》（一八七一―一九三九）の休職により決着をみる。事件が拡大した発端は、新聞に載せられた教科書批判の記事からだった。読売新聞の社説「南北朝対立問題、国定教科書の失態」（明治四四年一月一九日）と題する記事は、文部省編纂の『尋常小学日本歴史』の南北朝並立の叙述を批判したものだった。

「……両朝の対立をしも許さば、国家の既に分裂したること、灼然火を睹《み》るよりも明かに……何ぞ文部側主張の如く『一時の変態』として之を看過するを得んや」

名分主義に立つこの主張は、明治期を通じ、教育界などではそれなりに用いられていた考え方だった。教育と学問の距離関係が、現在ほど近くはなかった当時にあっては、南朝正統主義の歴史観も一つの見方には違いなかった。奇しくも、この記事が載せられた一月一九日は、例の幸徳事件での判決が出された日でもあり、教科書問題は天皇暗殺未遂事件の影響も手伝って、政界に飛び火した。

大阪府選出の代議士藤沢元造は、これを好機とし、南北朝並立論は順逆・正邪を誤らしめ、皇室の尊厳を傷つける旨の質問書を、議会に送り、問題が拡大した。その後、藤沢と接触した文相小松原英太郎・首相桂太郎の交渉もあり、教科書の改訂という形で終息した。この間の細部にわたる経緯やその後の余燼については、詳述する必

喜田貞吉

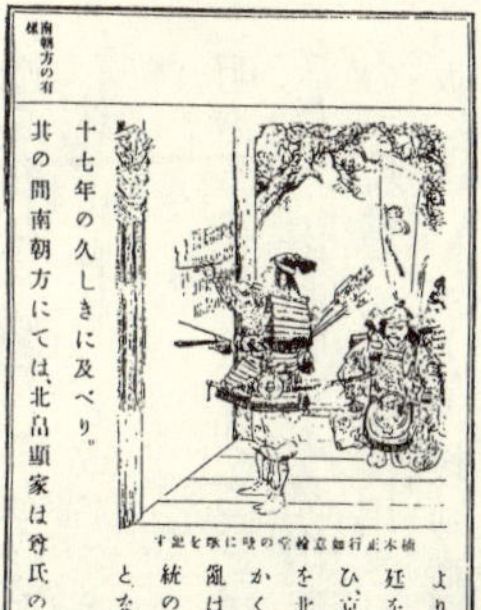

南朝方の有様

より吉野の朝廷を南朝と云ひ、京都の朝廷を北朝と云ふ。かくて天下の亂は遂に兩皇統の御爭の姿となり、戰亂五十七年の久しきに及べり。

楠木正行如意輪堂の壁に歌を題す

其の間南朝方にては、北畠顯家は尊氏の軍と和泉

国定教科書『尋常小学日本歴史』

要もあるまい。いずれにせよ、新聞報道に端を発し、政・官・学それぞれをにぎわせた南北朝問題は、教科書の修正（「南北朝」は「吉野朝」と改名）と編修・執筆者喜田貞吉の休職という形で終わった。

小学校の教科書が国定制となったのは、明治三六年（一九〇三）のことである。国定教科書の最初の『尋常小学日本歴史』では、「南北朝」の見出しが掲げられていた。つづく改訂版（明治四二年）でも、この表現はこのまま使用された。問題が指摘されはじめたのは、翌年の教師用教科書出版にさいしての、教師講習会でのことだという。

### 教科書の見識

そのあたりの事情を、当事者の喜田貞吉は次のように語っている。

「そもそも国定教科書における南北朝の扱い方については、自分としては当初からよほど頭を悩ました問題であった。したがってその方針を決定するまでは、きわめて慎重な態度をとって、出来得る限りの調査と研究とに手を尽くしたものだった。そしていよいよ明治三十六年編纂の第一回教科書に見るような、南北両朝を並立として、その間の朝廷については強ひて軽重を論ぜず、ただ臣下の側においてのみ、順逆の次第を明かにせんとする筆法でもって、原稿を作成したのであった。かくてそれがいよいよ問題となって来るまでの約七年間というものは、教育界から別になんら非難も注意をも与えられることなく……自分は善いことをしたと、得意然たるものだった……」（「六十年の回顧」『喜田貞吉著作集』14所収、平凡社）

ここからもわかるように、喜田の立場は歴史学者の立場と教科書編修官としての役人の立場を熟慮してのものだったらしい。それはともかく、事件の火種は当の喜田の思惑とは別に、新聞報道の数ヵ月前からあったようだ。しかし、それはあくまで教育界内部での事柄にすぎなかった。この段階では、南北朝問題は〝学問と教育〟の問題であり、〝政治〟は顔を出していない。だが、火種は例の新聞記事を導火線として、その政治の世界にまで広がった。喜田にとっては、まことに不本意な結果だったにちがいない。

喜田の言葉をかりれば、「善いことをした」はずにもかかわらず……である。「それが本来、いかにあったか」という歴史学（実証）の原点からすれば、喜田が示した「南北朝対立」の観点は、学問に裏打ちされた有力な学説であった。その意味では、

田中義成

教科書としての見識を語るものだった。だが、「ミカドの国」にあっては、〝教科書としての見識とは何か〟が、問題とされることもある。とりわけ、この国の存立にかかわる南北朝の時代については、〝見識〟の尺度は異なるらしい。

当時、文部省には教科用図書調査委員会が設けられていた。歴史部会の委員として三上参次（一八六五―一九三九）、田中義成《たなかよしなり》（一八六〇―一九一九）などがおり、喜田はかれらと相談しつつ、『大日本史料』方式に即し、史料主義に立脚した方針（南北朝に正閏を立てない）で臨んだ。名分論的史学の信奉者は、右の方針を非とし攻撃したのである。三上参次がいう「平常勧善懲悪の歴史・徳風の歴史・南北朝正閏の説を奉じておった人々」ということになる（『明治時代の歴史学界』前掲）。喜田は大学時代、その三上や田中らの薫陶を受けている。

ちなみに三上は、久米事件後に中止され、その後再開（明治二八年）された史料編纂所を切り盛りした中心的人物としても知られている。大学時代より皇典講究所とのつながりもあった三上は、国漢両派の橋渡し的存在と目されていたらしい。江戸期に

後列右より、三浦周行・田中義成・萩野由之・坪井九馬三・三上参次

造詣が深かった三上に対し、田中はまさに南北朝時代から織豊時代を専門とした歴史家だった。名著『南北朝時代史』（大正一一年）は、田中の死後の刊行にかかるが、そこには大義名分のために事実を犠牲にすることの無意味さが語られており、この事件が学界に与えた影響を推測し得るであろう。喜田が教科書の執筆にさいし、助言を得たのは、そうした歴史家たちだった。

## 南北両朝説の根拠

ところで、教科書問題から起こった南北朝の取り扱い方は、学界内部でも大いに論議を呼んだ。具体的には、当時この問題はどのように理解されたのであろうか。いうまでもなく、立場は三つに分かれる。

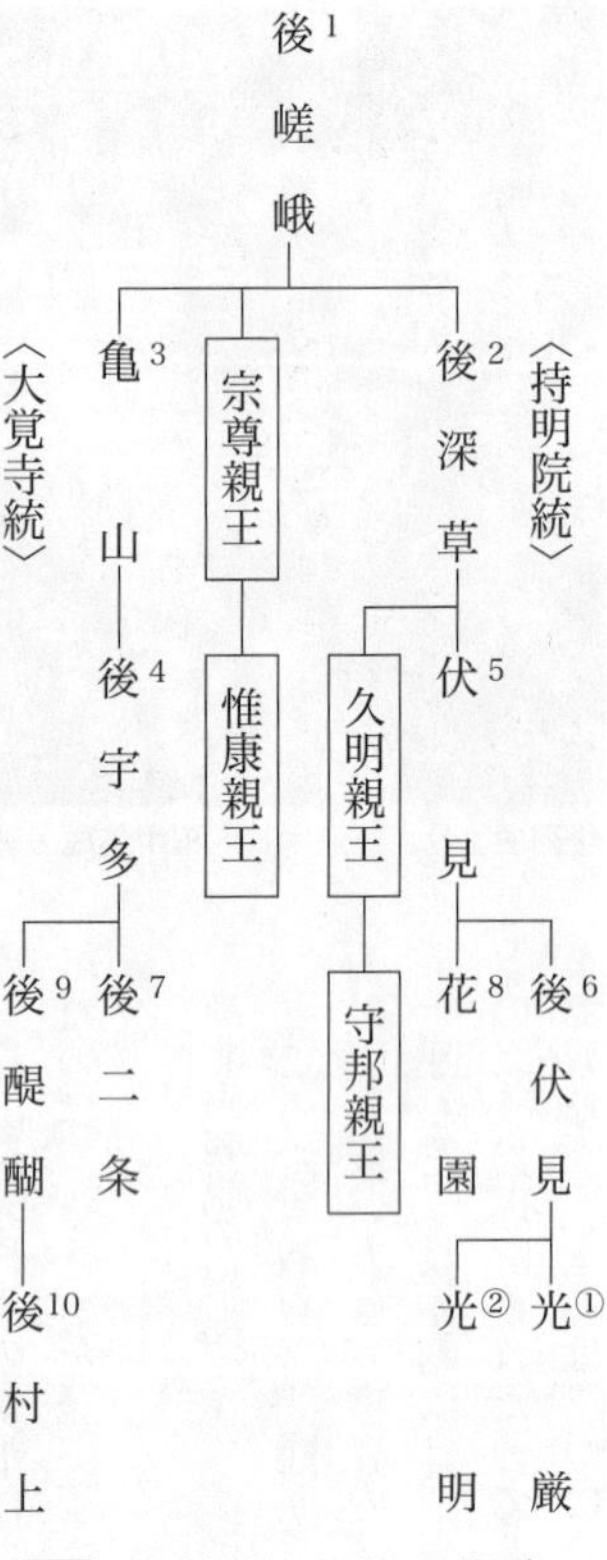

（□は鎌倉将軍，数字は即位順）

まずは南北朝対立・並立説の根拠だ。後嵯峨《ごさが》天皇の没後、後深草《ごふかくさ》・亀山《かめやま》が皇位を継ぎ、両統対立を来した以上、両者の正閏は論ぜられないこと、また神器の真偽で正邪を決することも意味がなく、かりに後醍醐天皇が光明天皇に授けた神器が偽だとしても、授けられる資格が問題であり（資格のない人間が、神器を有しても天子とは呼べない）、その点でも軽重はつけ難いこと、さらに宮内省にあって両朝の天皇陵は両様に扱われていること、などが根拠とされる。喜田をはじめ、前述の三上参次、田中義成らの両朝対立説は、こうした理由によっている。

次に北朝正統説である。これは事実の重みを最もドライに解する立場でもある。要は幕末の孝明天皇までは北朝を正統としていたこと、三種神器の継承は皇位継承の儀式としては重要だが、他の事実は無視できず歴史の実態に即し理解すべきとの立場である。これは『大日本地名辞書』を著した吉田東伍《よしだとうご》（一八六四—一九一八）などが主張する考え方である。

そして、南朝正統説である。両統迭立は鎌倉幕府の提唱であり、幕府の討滅でこの問題も消滅した以上、これを根拠とできないこと、後醍醐天皇の公家一統は皇統の統一であり両統対立はあり得ないこと、さらに足利氏に擁立された光厳天皇は、後醍醐の皇太子にすぎず吉野にあっても神器を保持していたことは、南朝正統の強味だとい

吉田東伍

黒板勝美

三浦周行

うこと、さらに義満の時代に南朝の後亀山天皇が、北朝の後小松天皇に神器を伝え譲位したことは、その正統性を語るものだという。この立場は三《み》浦《うら》周行《ひろゆき》（一八七一―一九三一）・黒板《くろいた》勝美《かつみ》（一八七四―一九四六）などの主張するところのものだった。

以上のように、当の学界においても南北朝問題は種々なる論議があった。さればこそ、南北朝に正閏をもうけないとの立場は、消極的だが、一つの見識だったのである。そもそも水戸の『大日本史』には、南北両朝は並立の形で記され、その間に正閏の区別がなされていた（南朝を正統・北朝を閏位とした）。

しかし、例の教科書問題のおりには、この『大日本史』的記述も超えてしまったのである。つまり、そこでは南朝という表現さえも用いず、「吉野朝」に統一され、北朝の光厳天皇以下は「院」として扱われることになった。三上の言を借りるならば、およそ「ものの激する勢」とは、こうしたものだったという（前掲「懐旧談」）。

この南北朝正閏論をめぐる事件は、今日使用されている多くの歴史教科書にも載せられている有名なものである。近代歴史学の挫折という局面で久米事件と並ぶ形で取り上げられている。学問の自立と権力との関係を論ずるさいには、必ずといってよいほど引き合いに出される事件とされる。歴史学は実証という厳しい史実の選択のなかで、権力も国家も宗教も、さらには天皇さえも相対化される。それは歴史という学問に内在する宿命だった。

神道を扱った久米事件が信仰と学問とのかかわりのなかで問題化したものだとすれば、明治末期の喜田事件は教育と学問との関係を投げかけた事件だった。この両者が遭遇した信仰にしろ教育にしろ、それがやっかいなのは、〝信念〟と結合しやすい問題であるからだろう。

前者の久米事件は考証学が科学へと脱皮する実証主義への過程のなかで、〝信念〟に遭遇し敗北した。そして後者の喜田事件は、その科学へと脱皮した実証主義が、再度教育的〝信念〟のために敗北した。言うまでもないが、実証主義は歴史を理解する手続きについての方法であり、提案なのである。それは〝考証のための考証〟というミクロ的視点に比べ、はるかに広い視点に立つものだろう。

教科書編修官喜田貞吉は、歴史家として史料に依拠し、「それが本来、いかにあったか」、という実証主義の立場で南北朝問題に当たった。しかし、教育に混入されていた名分論的信念のために、学問は敗れた。正確にいえば、教育を、〝学問〟に接続させるか、〝信念〟に接続させるかの戦いに敗れたのである。その意味では、この喜田事件は歴史学という学問の問題であるとともに歴史教育の問題でもあった。教育の在り方をめぐる〝学問〟と〝信念〟の綱引きということにもなる。

名分論は学説ではない。それ故に教育界にあっては〝信念〟と結合しやすいともいえる。後にもふれるが、喜田は正閏論争を学問的レベルで処理しようと努力した。江戸期が与えた遺産の一つでもあった名分論から、世代的に自由であった彼にとって、教科書での「南北朝」表現の採用に関しては、「自分は善いことをした」との意識に他ならなかった。しかし歴史家喜田にとっての「善いこと」は、「徳風の歴史……を奉じておった人々」（『明治時代の歴史学』前掲）には、「悪いこと」にしか映じなかった。このあたりは歴史学と教育との相互の関係を考える上での現代的課題でもある。

それは久米事件に至る抹殺主義に対しても同様だったが、この喜田事件でも、「ミカドの国」はどうして、かくも中世の南北朝にこだわるのだろうか。考証史学が、そして実証史学が相手とし、挫折させられた南北朝問題とは何であるか。単に名分論云々、あるいは『大日本史』云々で片づけられる問題なのか。このあたりの事情を、もう少し腑分けしてみる必要があるのかもしれない。大上段に構えるならば、わが国における王権（天皇）固有の推移を、南北朝に射程をとらえつつ考えることも必要なはずだ。

## 2　南北朝問題の源流

### 中世王権の構図

われわれが明治という時代を考えるとき、種々なるイメージで語ることがある。「天皇制国家」なる学問概念もその一つだろう。そこには抜き難い潜在観念がある。近代明治が「天皇制」を再生産させたという認識である。その当否はしばらく置くが、こうした認識が全面に出る限り、喜田事件の場合もそうだが、それは強固な天皇制国家構築のための一道程との理解を超えるものにはならないはずだ。その視角はそれなりに整合性を持つことは疑いないが、他方で明治期末期のこの事件が、南北朝という日本中世における王権を問題とした意味を見失わせる危惧もある。

当たり前のことだが、近代は近世からしか生まれ得ないし、その近世は中世により

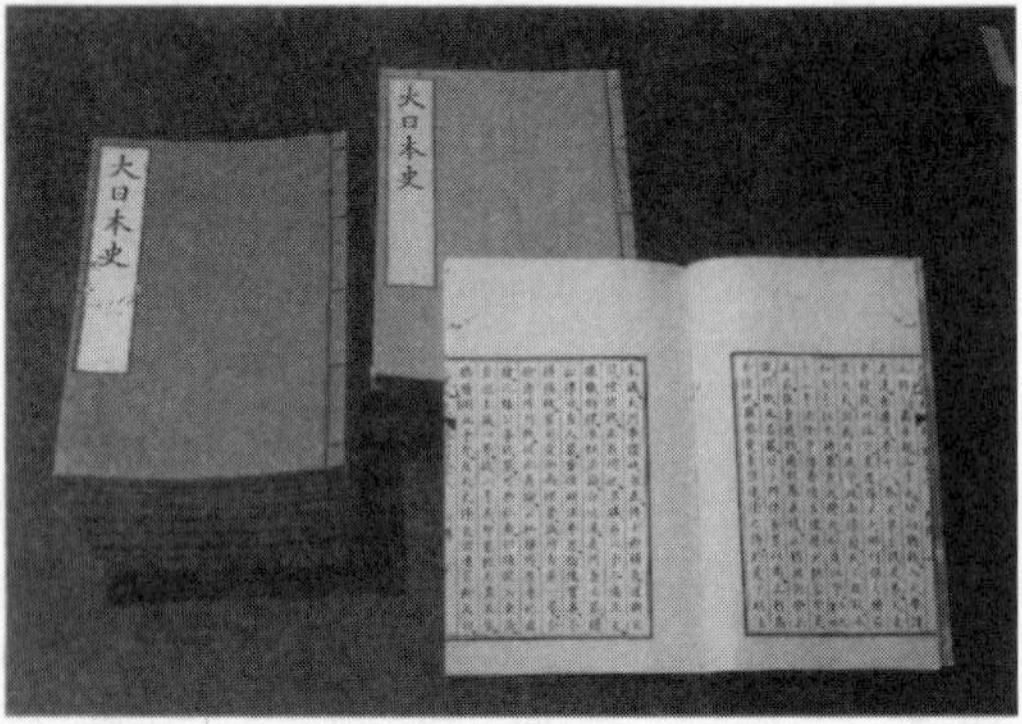

大日本史

育まれた。王権としての天皇制をはだかにしたとき、一個の制度として、「あるもの」ではなく、「なるもの」としておさえねばなるまい。われわれは、「なるもの」としての王権の推移を確認するために、しばらく時代のチャンネルを中世に戻したい。

それでは南北朝正閏論争の背後にあったものは何であったのか。現象的にはすでにふれたが皇統の継続意識ということになる。『大日本史』的南朝正統論による王朝交替史（易姓革命の是認）を否定する水戸学の立場である。国家としての「日本」の支柱を「尊王」に求める水戸学にとって、王朝の断絶もしくは交替は、あってはならないとの立場だ。

ここにあっては、断絶したはずの南朝が北朝へと継続するための形式が必要だった。南朝正統論者が『大日本史』的意識とは別に、あれほどに「神器」の真偽にこだわるのは、皇統の南朝から北朝への継続を重視するからだった。この皇統継続論にあっては、後醍醐天皇による親政は、あくまで「建武の中興」であった。連綿と続く天皇家が、王権として〝正常〟な姿を示した、かがやかしき時代であったとの理解が、そこにはあった。その意味では、「中興」に込められた意識はその限りでは、「近代」の産物ということもできる。

いうまでもなく、後醍醐天皇による公家一統は、天皇親政の復活を目ざすものだった。足利側の武家の幕府はこれを否定した。その足利幕府がいだくのは、「治天の

後醍醐天皇

日野俊基の墓

後鳥羽院

君」たる院（上皇）であった。公武諸権門の上に位置した院による政治形態（院政）を足利幕府は、容認することで成立したのである。別言すれば、南北朝の争乱は、天皇親政か院政かという、天皇支配の在り方をめぐる理念の争いということもできる（この点、今谷明『武家と天皇』岩波新書）。

　足利幕府が院政という政治方式を選択したのは、これが後白河院と頼朝による鎌倉以来の武家の伝統に即していたからだった。その限りでは足利尊氏は後醍醐的な天皇親政の急進路線よりは、皇室内部でのもう一つの分肢たる院による伝統路線を重視したとも解し得る。中世は広く見れば、天皇と院という二つの王権が、武家を介して推移する時代だった。保元の乱も、治承の乱も、さらには承久の乱もそうなのである。

　建武の新政は、そうした流れのなかで、天皇親政という王権回帰のための戦いでもあった。それは『太平記』にあってさえ、「天皇御謀叛」として認識された。それは中世の同時代から見ても急進路線に位置するものであった。武家の足利氏は、これを否定することで、院政による伝統路線を復活させたのである。その限りでは、足利尊氏は必ずしも王権を否定したのではなかった。

### 歴史の組み換え――「近代の論理」

近代は、中世以来継続したその院政の方式を是とした尊氏を、非とすることで、皇室への反逆者として仕立て上げた。中世の尊氏を否定することで、「南朝」は断絶することなく、「吉野朝」として存続する論理を見出したのである。そもそも名分論にあっては、院政という形態自体が認められないのである。近代の明治国家の出生を明確にする手だてとしての、修史事業にあっては、過去の歴史に対する〝清算〟の仕方が問題とされた。『大日本史』を準勅撰として位置づけた明治国家は、断絶したはずの「南朝」を正統としつつ、近代の皇統にどのように継続されるかが問題とされたのである。

そこでは、近世の徳川も、中世の足利も武家であるが故に否定される。足利にあっては、親政の中興者たる後醍醐天皇に敵対したという二重の意味において筆誅されることになる。尊氏は武家たる以上に、皇室の尊厳を乱し、順逆を誤らせた張本人とし

水戸弘道館

て位置づけられることになる。後醍醐天皇を擁した南朝の忠臣たちは、尊氏と反比例するように評価が高まった。〝歴史の組み換え〟ともいうべき現象がなされたのである。その意味で、近代は中世の「南北朝の対立」という史実を否定する論理を、歴史のなかに求めることで成立したともいいうる。

近世の最末期に胚胎した水戸学的名分論は、近代の「王政復古」に連続するなかで、自己を位置づけた。くり返しとなるが、復古と革新が同居することで成立した明治は、革新という「万国」（文明）主義が表面で、復古という「内国」（文化）主義は裏面に位置づけられていた。明治期はこの二つのベクトルが「文明」から「文化」へと推移しつつ展開する。

この「文化」のベクトルは、かつて近世の末期に育まれた国体史観（水戸学）の量的拡大として現象化する。ここにあっては、最も近世的であった朱子学的『大日本史』の世界は、中国的名分主義（革命の肯定＝王朝交替史観の是認＝南朝の終焉）であったが故に否定される。そこでは日本的名分主義（革命の否定＝王朝交替史観の否認＝南朝の継続）が強調されたのであった。

おさらいすると、こんな整理の仕方が可能だろう。誤解のないように一言申しそえるならば、これまで「日本的」なるものの発見として水戸学を強調してきた。が、単に体系化以前の思想という点では、「日本的」なるものは、江戸の中期にも確認できる。兵学者としても著名な山鹿素行《やまがそこう》（一六二二―八五）あたりがそうだろう。素行の『中朝事実』はその書名が語るように、わが国（中朝）の史録というほどの意味合いで、そこには皇統の不変性を重視しつつも、武家政治の正当性は疑われていない。『中朝事実』と不即不離の関係ともいうべき『武家事紀《ぶけじき》』などを読む限り、頼朝以来の武家政治の必然性が説かれており、ここにあっては、近代には反逆者と認定された足利尊氏も許容されている（拙著『武士団研究の歩み』Ⅰ　前掲）。

このあたりに、武家の時代でもあった近世的意識の所産がうかがわれよう。同時にそこでは、例の「日本的」世界は、幕末ほどには現実化・体系化されていないことも理解できるはずだろう。

近代明治は、直接には江戸の胎内で育った「日本」的世界を、国学として、あるいは水戸学として継承した。この世界にあっては、かつての〝道徳〟（人倫尺度）の優位性での歴史叙述は政治（国家尺度）との対比で封印される。近代に持ち込まれたこの政治優位の尺度は万能だった。そこにあっては、天皇や皇室のことは、批判の枠外であり、すべてに優先する世界を演出することにもつながった。

こうした「近代の論理」にあっては、『太平記』がいう「天皇御謀叛」という中世そのものが生み出した論理さえ、否定されることになる。この「近代の論理」はもちろん当初から体系化されたわけではなかった。皮肉ながら、それは近代歴史学との摩擦熱を通じ次第に彫磨されていった。久米事件に至る抹殺史観への挑戦は、その一つであったろうし、南北朝正閏論争もそのステップとなったことは疑いない。

## よみがえる忠臣たち

「ミカドの国」として出発した明治は、幾つかの転換点を通過するなかで、「天皇の国」へと変貌していった。歴史学固有の問題に引きつければ、南北朝問題をめぐる論議もその過程の一つと理解できよう。以下では、南北朝問題の周辺に目を転じながら話をすすめたいと思う。いわば、その南朝の忠臣たちの近代国家における位置づけ、とでも表現できる問題について語っておきたい。具体的には贈位に関する問題を素材に考えてみよう。

『贈位諸賢伝』という書物がある。これについては、本書の冒頭でも少しふれたが、戦前の昭和二年の出版である。改訂増補され明治以降、昭和一九年（一九四四）までの史上の人物たちの贈位と業績が述べられているが、案外と知られていないかもしれない。二千余人に及ぶ人名辞典だが、近代国家の〝紳士録〟ともいうべき『諸賢伝』が語る贈位の基準は、〝国家に対する勲功〟という一点に尽きる。

元来、〝位階〟というシステムは、天皇との政治的距離にあった。この書物が単なる歴史人名辞典と異なるのは、そこには政治的発揚の意志が顕著だという点だろう。贈位の対象とされたのは、奈良時代から明治時代までに活躍した人物たちである。贈位・顕彰者が過半を占めるのは、むろん幕末・維新の勤王の志士たちや政治家である。そして次に多いのが南朝の忠臣たちだった。これ以外にも承久の乱で反鎌倉側についた武士たち、さらに元寇で活躍した人々などである。

この『諸賢伝』からいろいろなことがわかる。つまりは組み換えられた「近代の論理」が、はからずも顔をのぞかせているようでもある。別表を参照していただきたい。表Ⅰは贈位の人数の推移を一覧表にしたものだ。表Ⅱは古代・中世（南北朝期）までの贈位者の一覧表である。表Ⅲは、これをもとに、贈位理由の割合を示したものである。

われわれは、この作業から何を読み取ることができるのか。〝論〟が先行した、こ

| 年次 | 人数 | 小・合計 |
|---|---|---|
| 明治元 | 1 | |
| 2 | 5 | |
| 3 | 2 | |
| 4 | 3 | |
| 5 | 1 | |
| 6 | 1 | |
| 7 | 0 | |
| 8 | 0 | |
| 9 | 3 (2) | |
| 10 | 2 | |
| 11 | 3 | |
| 12 | 1 | |
| 13 | 2 (1) | |
| 14 | 3 | |
| 15 | 3 (1) | |
| 16 | 13 (8) | |
| 17 | 5 (4) | |
| 18 | 4 | |
| 19 | 0 | |
| 20 | 1 | |
| 21 | 0 | |
| 22 | 5 | |
| 23 | 0 | |
| 24 | 190 (1) | |
| 25 | 1 | |

| 年次 | 人数 | 小・合計 |
|---|---|---|
| 明治26 | 8 | |
| 27 | 0 | |
| 28 | 0 | |
| 29 | 7 (1) | |
| 30 | 7 (1) | |
| 31 | 235 | |
| 32 | 1 | |
| 33 | 5 | |
| 34 | 26 | |
| 35 | 168 (3) | |
| 36 | 56 (3) | |
| 37 | 9 | |
| 38 | 18 (4) | |
| 39 | 1 | |
| 40 | 106 (4) | |
| 41 | 38 (3) | |
| 42 | 31 (3) | |
| 43 | 21 | |
| 44 | 102 (5) | ※1088 (44) |
| 大正元 | 57 (2) | |
| 2 | 14 (1) | |
| 3 | 13 (3) | |
| 4 | 377 (30) | |
| 5 | 114 (2) | |
| 6 | 46 (2) | |

表Ⅰ　全贈位者数の年次別推移

| 年次 | 人数 | 小・合計 |
|---|---|---|
| 昭和 7 | 1 | |
| 8 | 3 (1) | |
| 9 | 3 | |
| 10 | 5 (2) | |
| 11 | 1 | |
| 12 | 1 | |
| 13 | 1 (1) | |
| 14 | 2 | |
| 15 | 2 | |
| 16 | 0 | |
| 17 | 1 | |
| 18 | 2 | |
| 19 | 2 | ※211 (11) |
| | | △2403 (114) |

| 年次 | 人数 | 小・合計 |
|---|---|---|
| 大正 7 | 130 (3) | |
| 8 | 103 (9) | |
| 9 | 2 | |
| 10 | 1 | |
| 11 | 5 | |
| 12 | 0 | |
| 13 | 239 (7) | |
| 14 | 3 | ※1104 (59) |
| 昭和元 | 1 | |
| 2 | 3 | |
| 3 | 167 (5) | |
| 4 | 0 | |
| 5 | 3 | |
| 6 | 13 (2) | |

※は各時代ごとの人数合計
△は総数
(　) 内は南朝関係者数

れまでの話に整合性を与えることができるか、確かめておきたい。

まずは表Iである。

明治期の贈位者は全体のほぼ五割弱に当たる一〇八八名。そして大正期・昭和前期三三年間の贈位者一三一五名。全体を通覧すると明治期では、前半期では一六年〈一三名〉がやや多いだけで、あとは後期に集中している（目立つところでは明治二四年〈一九〇名〉、三一年〈二三五名〉、三五年〈一六八名〉、そして明治末期の四〇年〜四四年までは〈二九八名〉となる）。贈位者の年次別の推移は明治も三〇年代に激増の傾向を示すことが理解できるはずだ。

贈位者増加の傾向は大正期には著しく、とりわけ大正四年〈三七七名〉、七年〈一三〇名〉、一三年〈二三九名〉をはじめ、全般的には明治期とは比較にならない贈位者を出している。昭和期では昭和三年の〈一六七名〉が突出している程度で、数としてはさほど多くはない。全体として見れば明治末期から大正期が贈位者数の上では、一つのピークであったことは否定し難く、このあたりが何らかの転換点にあったことを予想させる。むろん、そこには、ある年次が、特定の国家的記念行事にあたったことによる場合もあったが、『贈位諸賢伝』での贈位者推移の右のような傾向はうなずけるはずであろう。

こうした諸点をふまえ、表Ⅱを参照していただきたい。これは『諸賢伝』に載せる古代・中世関係の人名を、年次別に整理したものである。古代では太安万侶・和気清麿・紀貫之などが登場する程度で、あとは中世の南朝関係の忠臣たちが圧倒的多数を占める。こころみに南朝関係者の贈位者数を表Ⅱから算定すると、約七割にも達しており、かれらの近代国家での位置づけを知ることができる。さらに表Ⅰの贈位者の年次推計と比較した場合、ほぼこれに対応するように、明治末期から大正・昭和にかけて贈位者の増大が確認できることであろう。

ここでおもしろいのは、例えば明治一六年という年だ。この年は前章でもふれたように史学協会あるいは『大政紀要』といった復古的史観が顔をのぞかせている時期でもあり、そのあたりとの関係を考える材料となるかもしれない。いずれにしても、明治の段階はその前半にあっては、南朝贈位者も含めさほど多くはなく、明治末～大正期に再贈位されている人物も少なくない（例えば、楠木正行《くすのきまさつら》、菊池武時、児島高徳など）。

次に表Ⅲであるが、古代・中世贈位者（再贈位者も含む）〈一五九名〉における贈位理由の割合を示したものだ。ここには南朝関係者〈一一二名〉が圧倒的人数を占めていることがわかる。その内訳を表Ⅰを参照しながらながめると、例えば明治末期～

| | | | |
|---|---|---|---|
| 明治9 | ※楠木正行 | 従三 | 南北朝 |
| | ※新田義貞 | 正三 | 〃 |
| 13 | 楠木正成 | 正一 | 〃 |
| 15 | ※新田義貞 | 正一 | 〃 |
| 16 | ※藤原秀郷 | 正三 | 平安<br>(将門追討) |
| | 脇屋義助 | 従三 | 南北朝 |
| | ※菊池武時 | 従三 | 〃 |
| | ※児島範長 | 従四 | 〃 |
| | ※児島高徳 | 正四 | 〃 |
| | ※桜山茲俊 | 従四 | 〃 |
| | ※結城宗広 | 正四 | 〃 |
| | ※結城親光 | 従四 | 〃 |
| | ※名和長年 | 従三 | 〃 |
| 17 | 土居通増 | 正四 | 〃 |
| | 得能通綱 | 正四 | 〃 |
| | 藤原資朝 | 従二 | 〃 |
| | 藤原俊基 | 従三 | 〃 |
| 24 | ※足助重範 | 正四 | 〃 |
| 29 | 宗　助国 | 従三 | 元寇 |
| | ※平　景隆 | 正四 | 〃 |
| | 南部師行 | 正五 | 南北朝 |
| 30 | ※楠木正行 | 従二 | 〃 |
| 31 | 和気清麿 | 正一 | 奈良・平安 |
| 35 | ※菊池武時 | 従一 | 南北朝 |
| | 菊池武重 | 従三 | 〃 |
| | 菊池武光 | 従三 | 〃 |
| 明治36 | ※児島範長 | 正四 | 南北朝 |
| | ※児島高徳 | 従三 | 〃 |
| | ※桜山茲俊 | 正四 | 〃 |
| 37 | 紀　貫之 | 従二 | 平安<br>(古今集) |
| | 北条時宗 | 従一 | 元寇 |
| 38 | 土岐頼兼 | 正四 | 南北朝 |
| | ※結城宗広 | 正三 | 〃 |
| | ※結城親光 | 正四 | 〃 |
| | 多治見国長 | 正四 | 〃 |
| 40 | 下妻政泰 | 正四 | 〃 |
| | 関　宗祐 | 正四 | 〃 |
| | 関　宗政 | 従四 | 〃 |
| | 那珂通辰 | 正四 | 〃 |
| | 島津久経 | 正三 | 元寇 |
| 41 | 北畠親房 | 正一 | 南北朝 |
| | 南部政長 | 正五 | 〃 |
| | 村上義光 | 従三 | 〃 |
| 42 | 新田義顕 | 従三 | 〃 |
| | 新田義興 | 従三 | 〃 |
| | 新田義宗 | 従三 | 〃 |
| 44 | 阿蘇惟直 | 正四 | 〃 |
| | 阿蘇惟澄 | 正四 | 〃 |
| | 宇都宮隆房 | 従四 | 〃 |
| | 菊池武政 | 従三 | 〃 |
| | 菊池武朝 | 従三 | 〃 |
| | 太安万侶 | 従三 | 奈良<br>(日本書紀) |

**表Ⅱ　古代・中世贈位者一覧（※印は再贈位者）**

| | | | |
|---|---|---|---|
| 大正4 | 勅使河原直重 | 従四 | 南北朝 |
| | 名和長重 | 正四 | 〃 |
| | 南部信政 | 従四 | 〃 |
| | 日野邦光 | 正三 | 〃 |
| | 富士名義綱 | 正四 | 〃 |
| | 村上義隆 | 従四 | 〃 |
| | 村山隆義 | 正五 | 〃 |
| | 村山信義 | 正五 | 〃 |
| | 脇屋義治 | 正四 | 〃 |
| | 小山秀朝 | 正五 | 〃 |
| | 村山義盛 | 正五 | 〃 |
| | 少弐資能 | 従三 | 元寇 |
| | 少弐景資 | 正四 | 〃 |
| | 竹崎季長 | 従三 | 〃 |
| | 菊池武房 | 従三 | 〃 |
| | 仁科盛遠 | 従四 | 承久 |
| | 藤原保則 | 従三 | 平安(奥州合戦) |
| | 源頼義 | 正三 | 〃 |
| | 源義家 | 正三 | 〃 |
| | 北条実時 | 正五 | 鎌倉(学問) |
| 5 | 土居通重 | 正五 | 南北朝 |
| | 村山義信 | 従四 | 〃 |
| | 河野通有 | 正五 | 元寇 |
| | 斎藤資定 | 正五 | 〃 |
| | 少弐経資 | 正四 | 〃 |
| | 河野通信 | 従五 | 承久 |

| | | | |
|---|---|---|---|
| 大正元 | 肝付兼重 | 従四 | 南北朝 |
| | 松浦定 | 従三 | 〃 |
| 大正2 | 千秋親昌 | 正四 | 〃 |
| 3 | 楠木正季 | 正三 | 〃 |
| | 楠木正時 | 正四 | 〃 |
| | 和田正遠 | 正四 | 〃 |
| 4 | 大蔵種材 | 従四 | 平安(刀伊入寇) |
| | 有元佐弘 | 正四 | 南北朝 |
| | 有元佐光 | 正四 | 〃 |
| | 有元佐吉 | 正五 | 〃 |
| | 阿蘇惟武 | 従三 | 〃 |
| | 阿蘇惟成 | 従四 | 〃 |
| | 相知蓮賀 | 従四 | 〃 |
| | 大館宗氏 | 従四 | 〃 |
| | 大館氏明 | 正四 | 〃 |
| | 片岡利一 | 正五 | 〃 |
| | 金谷経氏 | 正四 | 〃 |
| | 香坂高宗 | 従四 | 〃 |
| | 北畠具行 | 正二 | 〃 |
| | 菊池武敏 | 従三 | 〃 |
| | 忽那義範 | 従四 | 〃 |
| | 楠木正家 | 正四 | 〃 |
| | 楠木正勝 | 正四 | 〃 |
| | 楠木正元 | 従四 | 〃 |
| | 気比氏治 | 正四 | 〃 |
| | 気比斉晴 | 従四 | 〃 |

| | | | |
|---|---|---|---|
| 大正13 | 福光佐長 | 正五 | 南北朝 |
| | 大友頼泰 | 正四 | 元寇 |
| | 大友貞親 | 正四 | 〃 |
| | 大矢野種村 | 従四 | 〃 |
| | 佐々木経高 | 従四 | 承久 |
| 昭和3 | 石川義純 | 従四 | 南北朝 |
| | 菊池武安 | 従三 | 〃 |
| | 里見時成 | 従四 | 〃 |
| | 錦織俊政 | 従四 | 〃 |
| | 藤原行房 | 従二 | 〃 |
| | 藤原家賢 | 正五 | 承久 |
| | 藤原範茂 | 正三 | 〃 |
| | 藤原光親 | 従一 | 〃 |
| | 藤原宗行 | 従二 | 〃 |
| | 源 有雅 | 従一 | 〃 |
| | 山鹿秀遠 | 従四 | 平安(源平) |
| 6 | 入来院有重 | 正五 | 元寇 |
| | 入来院致重 | 正五 | 〃 |
| | 入来院重尚 | 正五 | 〃 |
| | 平 成輔 | 従二 | 〃 |
| | ※平 景隆 | 従三 | 〃 |
| | 草野経永 | 従四 | 〃 |
| | 白石通泰 | 従四 | 〃 |
| 8 | ※足助重範 | 従三 | 南北朝 |
| 10 | ※名和長年 | 従一 | 〃 |
| | (助法眼)教乗 | 従五 | 〃 |
| 13 | 名和義高 | 正四 | 〃 |

| | | | |
|---|---|---|---|
| 大正5 | 長谷部信連 | 従五 | 源平 |
| 6 | 吉水院宗信 | 正五 | 南北朝 |
| | 竹原八郎 | 従四 | 〃 |
| | 山田重忠 | 正五 | 承久 |
| | 鏡 久綱 | 正五 | 〃 |
| | 宮崎定範 | 正五 | 〃 |
| 7 | ※藤原秀郷 | 正二 | 平安(将門追討) |
| | 南部光行 | 従三 | 奥州 |
| | 南部政持 | 正四 | 南北朝 |
| | 南部信光 | 従三 | 〃 |
| | 春日部重行 | 従四 | 〃 |
| | 小山朝政 | 正四 | 承久 |
| 8 | 宇佐輔景 | 従四 | 南北朝 |
| | 植月重佐 | 正五 | 〃 |
| | 大高阪松王丸 | 従四 | 〃 |
| | 恩地左近 | 従四 | 〃 |
| | 千種忠顕 | 従二 | 〃 |
| | 村上義弘 | 正五 | 〃 |
| | 和田正武 | 正四 | 〃 |
| | 和田賢秀 | 従四 | 〃 |
| | 和田正朝 | 従四 | 〃 |
| 13 | 大井田経隆 | 正四 | 〃 |
| | 大井田氏経 | 従四 | 〃 |
| | 大江景繁 | 正五 | 〃 |
| | 菊池覚勝 | 正三 | 〃 |
| | 菊池武吉 | 従三 | 〃 |
| | 菊池武澄 | 従三 | 〃 |

| 南朝関係者 | 元　寇 | 承　久 | その他 | 合　計 |
|---|---|---|---|---|
| 112人 | 20人 | 12人 | 15人 | 159人 |

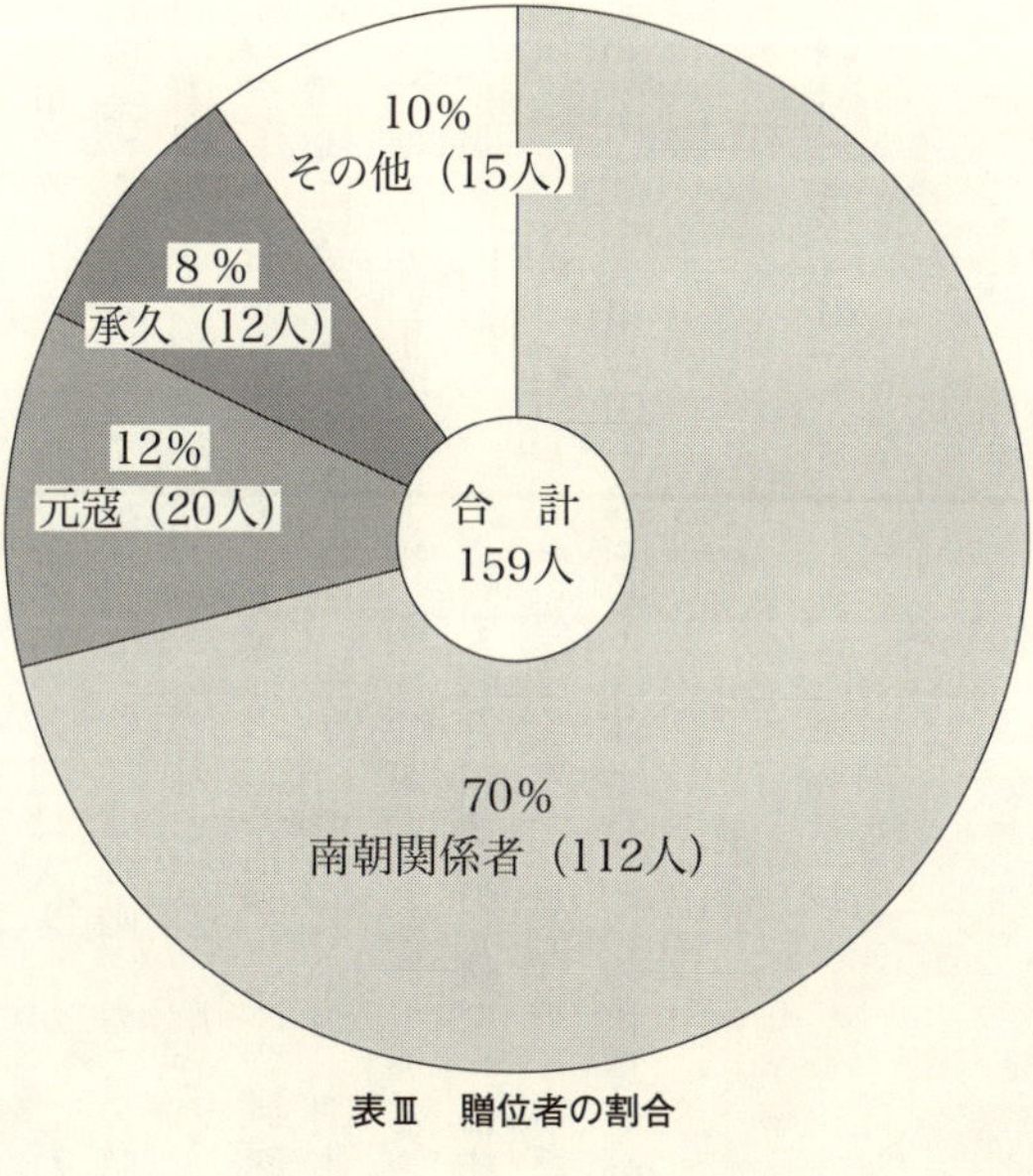


表Ⅲ　贈位者の割合

大正前期（明治三五〜大正八年）では〈七七名〉にのぼり、この時期が過半を占めているることがわかる。また表Ⅲで南朝関係者との人数上の落差は大きいが、これに次いで目立つのが元寇（蒙古襲来）・承久の乱での勲功である。この両者もこの時期を中心に贈位されており、明治末期あたりが大きな節目であったことが理解されよう。

以上、『贈位諸賢伝』のデータからも判明するように、明治期以来の国家の論理は、中世の愛国者たちを、近代に浮上させることで、徐々にではあるが「国体」への意識を発揚した。その意味では南北朝正閏論争が、明治の末期に起きていることも理由のないことではなかった。明治前期にあって文明史的啓蒙運動と軌を一にするごとくなされた例の抹殺主義の時代とは、忠臣たちに対する重みが異なっていたのである。「ミカドの国」は、たしかに「天皇の国」へと、「国体」意識への比重を高めつつあった。

## 3 「ミカドの国」の終焉

### 喜田貞吉について

再び例の喜田貞吉についてふれてみたい。この喜田を語ることで、明治後期の歴史学界の状況を代弁させたいと思う。以下での議論は、喜田の「六十年の回顧」（前掲）を手がかりにすすめたい。

明治四年（一八七一）、徳島の小農の子として生まれた喜田は、まさに近代の明治が育んだ歴史家ということにもなる。自身の回顧によれば、大学の同窓には、内田《うちだ》銀《ぎん》蔵《ぞう》（一八七二―一九一九）〈国史〉、原勝郎《はらかつろう》（一八七一―一九二四）〈史学〉、桑原隲蔵《くわばらじつぞう》（一八七〇―一九三一）〈漢学〉、黒板勝美《くろいたかつみ》（一八七四―一九四六）〈国史〉といった人々がいたという。後に名をなす錚々たる顔ぶれといってもよい。喜田の言をかりれば、「東京に居残って学問で成功した人が比較的多かった」ということらしい。いずれも明治二九年の卒業だったという。久米事件の影響もあり、一旦中止となっていた史料編纂事業が再開されたのが前年の二八年のことであり、喜田が国史学科に入ったころは、その余燼が残っていたにちがいない。

内田銀蔵

国史や国文・漢文の方面では当時、黒川真頼・栗田寛・小中村清矩・星野恒といった老大家をはじめ、三上参次・田中義成などの若き歴史家がいた。喜田はこうした人々の薫陶を受けた。

西洋史ではむろんリースもいた。さらに坪井九馬

原勝郎

三もいた。ヨーロッパに留学し西欧の史学研究法を紹介した坪井は、またわが国における古文書学の基礎を作った、草分け的存在でもある。その坪井に喜田は大学院の時代に苦言を呈されたこともあるらしい。学業よりも生計《たつき》を優先し、「金になる仕事をかき集めた」喜田への注意だった。このあたりは、現在のわれわれにも当てはまりそうで、ほほえましさも伝わるようである。

日本の歴史地理を大学院で専攻していた彼が、文部省に入省したのは明治三四年のことだった。教科書審査官という地位を与えられた。喜田にとって、南北朝問題までの約一〇年間は、官僚と研究者の「二足の草鞋」だったという。

喜田の入省の翌年、有名な検定教科書をめぐる疑獄事件がおこった。教科書会社の売り込み競争が贈賄事件として表面化したのである。これを機に小学教育での民間教科書の発行は禁じられ、文部省による国定教科書の編纂が開始される。

明治三七年、国定による最初の『尋常小学日本歴史』が発行された。そのおり、教科書編修官の立場で執筆に当たった喜田は、従来から出版されている教科書が『大日本史』の態度も超越し、「尊氏以下、武家方の将士を露骨に賊と書いたもの」も多く、史実に照らし悩んだという。ここでの喜田の意識は、武家方が賊ならば、「北朝の諸天皇もまた賊の天皇」となり、「幼稚なる児童の頭に」影響も大きいとの教育的配慮も働いていたらしい。その限りでは学問的良心云々で喜田の選択を過大評価するのは、若干の問題も残るのかもしれない。喜田自身は、北朝も含めた皇室全体への配慮を国定教科書に反映させようとしただけだった。こうした面も忘れてはならない。

ややもすると史学史的位置づけでは、喜田自身の意図を離れ学問弾圧史に流れてしまうのだが、〝部分〟を拡大すればそう単純でもないはずだ。むろん南北朝問題全体の大きな位置づけは、喜田自身の意図とは別のところで理解されるのだが……。

いずれにせよ、事件拡大後の彼の苦悩は、自分の真意が曲解誤解されて伝えられている点にあった。彼に関していえば、名分論の意識を超えて皇室尊敬者の一人であったことは動かないのである。その喜田が学問を背負った結果、どうすれば自己の意識を教育に結合させ得るのかという選択が、南北両朝の並立表記の採用だった。こう解釈することも許されるだろう。

むろん、そうはいっても、喜田が背負った歴史学には〝実証〟が根付いていた。南北朝の動乱について、「天皇親政の古へに復すか、鎌倉時代のごとく引き続き武家に政権を委ねるかといふ、宮方と武家方との主義上の争ひ」との理解は、〝名分〟を離れた〝実証〟の成果ということにもなる。

話を戻すと、喜田の南北朝並立方針は、委員会の議をへて了承されることとなり、以後明治四三年の段階で事件となるまでの数年間は、充実した研究の日々だったという。「法隆寺建築年代論争」、そして「平城京址論争」等の著名な学術論争、さらには学位の取得等々は、いずれもこの時期のもので、その後の喜田史学が形成されつつあった段階だった。

「空谷《くうこく》の跫音《きょうおん》」ともいうべき国定教科書への論難は、その四三年の一一月ころから始まったらしい。中等教員の地歴講習会での席上、例の対立・並立の南北朝の記述に教員から質問が及び、それが拡大し新聞紙上に掲載され、さらに政治問題化した。このあたりの事情については、先にもふれたとおりである。

### 新世代の歴史家たち

この事件の責任で文部省を休職となった喜田は、その後、京都帝国大学、さらに東北帝国大学へ転任する。事件以後の歴史家としての喜田の多方面にわたる研究の足跡については、別に譲りたい。

ちなみに、「闘将」とあだ名され、論戦好きの喜田が終生敬愛した友人の一人が前述の内田銀蔵だったという。近世の経済分野を専門とする内田は、ヨーロッパに留学し、歴史理論にも造詣が深い歴史家として知られている。彼は文部省休職後の喜田に種々の援助の手を差しのべたという（「六十年の回顧」）。その内田は四八歳で他界している。喜田の京都帝大入りは、内田の後任人事であったらしく、奇しき縁ということかもしれない。

余談だが、内田は論文を量産する喜田に対し、〝腰を落ちつけ、著書を書くべきだ〟と忠告したそうだが、負けん気の強い喜田は〝完全な著書を発行しようとすれば、百年河清を俟つようなもの〟と、内田の『日本近世史』を引き合いに出し、反論したという。学問に対する両人の気質を知る上でおもしろい話だ。

右に『日本近世史』の名が登場したついでに、彼等も含め、同時代の歴史家たちについてもふれておこう。すでに指摘したが、喜田と内田は国史学科の同窓だった。両人が学んだ明治二〇年代は、「ミカドの国」の歴史学界に実証主義が根付く時期ということになる。「明治の子」として生まれたかれらは、歴史学界における第二世代を代表する史家たちといえる。

第一世代を代表した漢学修史局系の重野・久米・星野、あるいは国学・水戸学系の黒川・栗田らは、いずれも幕末を体験し近世の学的遺産を背負った人々だった。官学国史学科の誕生は、そうした歴史家の参画に加え、西欧史学との合流の上で成立する。明治憲法発布の年（明治二二年＝一八八九年）に成立した国史学科は、すでにふれたように近代の歴史学の〝出生証〟を代弁していた。実証主義に裏打ちされた近代の西欧史学との出会いが、これを認定させた。

第二世代が学んだ明治後期は、官学アカデミズムが名実ともに機能しはじめた段階にあたる。大雑把にいえば、江戸期的な考証学の遺産と西欧的実証主義の合体のなかで誕生したのが、喜田・内田に代表される第二世代の歴史家たちだった。

ところで、喜田が京都帝大に職を奉じたおり、同世代の史家がいた。日本法制史の三浦周行（一八七一—一九三一）、西洋史の原勝郎である。いずれも同年齢だが、三浦の方が入学・卒業年次が数年早い。法制史分野の開拓に貢献した三浦は大学卒業後、水戸学の栗田寛の私塾に寄寓し、その後史料編纂所をへて京都帝大に移った。栗田の影響を受けたこともあり、その学風には微量ながら水戸学も入っているようでもある（この点、三浦「栗田寛先生」前掲書、参照）。

三浦は南朝正統論の立場に拠っていたが、その見解は名分論というよりは実証的論理を重視したもので、このあたりに明治後期の官学史学の根付き方もうかがわれる。その点では、学説の上で同僚ながら喜田と立場を異にしたわけで、このあたりは人材配置の妙といえなくもない。

南朝正統論でいえば、喜田と同期であった黒板勝美も、三浦と同様の立場だった。後に東京帝大国史学科の重鎮として名を馳せる黒板には、『国史の研究』（明治四一年）という名著がある。彼はムードが先行していた南朝主義に対し、「何を根拠として南朝を正統とせねばならぬに向って新案を下したものは甚だ少ない」（『日本及日本人』第五五四号）として、名分論から離れた形で自説を展開した。黒板も三浦と同様、官学実証主義の世界に身を置いた歴史家の一人だった。

その三浦の弟子の一人が牧健二《まきけんじ》（一八九二―一九八九）である。大正期に入り東京帝大の法制史家・中田薫《なかだかおる》（一八七七―一九六七）と激烈な守護・地頭論争を展開した歴史家である。牧のなかに流れる頼朝の諸国守護権委任思想の根幹には、あるいは、三浦を介しての水戸学的気分が少しは溶け込んでいたかもしれない（詳細は拙著『研究史地頭』吉川弘文館、参照）。

中田薫

## 発見された「中世」

そして原勝郎である。彼もまた喜田と同一世代の歴史家だった。内田・三浦とともに草創期の京都帝大で活躍している。西洋史を学んだこの人物のおもしろさは、『日本中世史』（明治三九年）という名著を残したことにある。内田の『日本近世史』（明治三六年）とともに、「中世」「近世」なる西欧史学に普遍的な時代区分概念を書名にした最初の歴史書だった。もっとも、「中世」なる概念を用いたのは、陸軍の川上操六《かわかみそうろく》であったという（高橋昌明氏の指摘）。明治二六年の参謀本部編纂の『日本戦史』に確認される。明治期の軍隊・軍人が、世界に互していくための開明性の所産とも考えられ興味深い。

ともに日露戦争前後に上梓された作品ということになる。ヨーロッパ留学を経験した両人は、日本史上における武家の時代を「中世」なり「近世」という世界史の尺度で認識するという幅広い視点を提供した。史料のみに沈潜することのない斬新な観点は市民的歴史学派として史学史上は位置づけられている（この点、永原慶二・鹿野政直編著『日本の歴史家』日本評論社、参照）。それはかつての田口卯吉に代表される文明史の流れも、併呑する立場ということもできる。官学アカデミズムに育ちつつも、狭量な国家主義から解放された自由な発想は、これまた後期明治が育んだ新たな学流ともいいうる。

とりわけ原の『日本中世史』はその傾向を代弁していよう。一言で表現すれば、それは、わが国における「中世の発見」という点であった。原は西欧の中世（封建制）のなかに、日本の中世を投影しようとしたのである。わが国における西欧封建制（フユーダリズム）概念の導入を通じ、日本の中世を〝世界に平均化〟させたとも表現できる。

かつて福沢諭吉をして「門閥制度は親の敵《かたき》」とまで言わしめた「門閥制度」とは、儒学（中国）的封建制に内包された観念だった。田口卯吉の『日本開化小史』に見える封建制もまた、中国流での郡県制に対置されるものだった。さらに例の重野安繹が「日本に封建の制なし」（『東京学士会院雑誌』十四—六）で用いているのも同様だった。その限りでは、中国的な国家統治の支配システムの概念として、封建制の語が用いられていたことにも留意すべきだろう（この点、拙著『武士団研究の歩み』Ｉ参照、前掲）。要は武家的な分権支配の代名詞としてのそれであった。その意味では前述の福沢が「親の敵」云々とするのは、武家政権下での厳しい身分秩序を問題とした文脈での表現だった。

それはともかく、封建制論議がやっかいなのは、現象としての分権的要素が西欧封建制にあっても類似していたという点であった。その類似性に着目し、日本の武家による支配システムに〝市民権〟を付与したのが原の『日本中世史』だったと理解される。

何度もいうが、明治はその成立において、武家を否定した。その限りでは、明治末期までは、武家の中世あるいは近世は〝暗黒時代〟として理解されていた。原はこの武家支配(封建制)の〝暗黒史観〟を、西欧流の新しい「封建制」という尺度を採用することで克服したのである。煎じ詰めれば〝武家の見直し〟である。この〝見直し〟こそが、日本における「中世の発見」ということにもなる。「従来本邦の歴史を編述するもの上代に詳密にして、中世以後を叙すること簡略に過ぐるもの多し」との同著序文の指摘は、右に述べたことの反映でもあった。

## もう一つの「中世」

歴史学の世界において、西欧の封建制と同種のものを〝発見〟したことは、〝入欧〟という夢の実現にも繋がった。〝入欧〟の意識は、むろん開化期明治以来の「ミカドの国」の見果てぬ夢でもあったが、これが歴史という学問を通じて可能になったのである。しかし、その〝入欧〟が歴史のフィルターを介して実現されたことは、「ミカドの国」が、学問のレベルにおいてもアジア（中国）を脱することであった。すでに述べたが、〝脱亜〟の観念は点としては、早くから存在していた。しかし、これが学問（歴史）の世界にリンクするには至っていなかった。その意味では、〝脱亜〟〝入欧〟相互の認識が所与のものとなり得たのは、この明治も末のことといえるのかもしれない。とりわけ日露戦争の勝利が〝入欧〟意識を現実のものとしたことは否定し難く、『日本中世史』の誕生は、それを象徴したものと理解される。

極東の後進国として出発せざるを得なかった日本は、西欧とのアイデンティティを、自己の歴史のなかに見出したのである。西欧との同居をわが国の中世（封建制）に求めようとした意識は、〝ネガ〟としての武家を〝ポジ〟に変換させることで、日本の歴史を世界に同化させようとしたのであった。その背景には、戦争による尚武的気運も影響したであろうことは、容易に推測されよう。

こうした意識は〝非西洋たる日本のみが、かつてお手本とした中国でさえ持ち得なかった封建制を歴史として経験することができた国だ〟との思考に繋がってゆくことになる。当然ながらかかる歴史認識は、かつて南朝の限られた忠臣たちに贈位されていた顕彰の在り方にも変化をもたらすことになる。

もう一度、例の『贈位諸賢伝』の関係表を参照していただきたい。明治末期から大正期にかけて、大幅な贈位がなされていることが確認できるはずだ。その最大の特色は、一つは南朝忠臣贈位者の量的増大だが、これに加えてそれまでに単発的に贈位されていた人々が、明治末から大正期に至り再贈位されていることだろう。さらにもう一つの特色は、この時期に承久の乱関係者が大幅に贈位されている点だろう。そこには従来南朝関係を軸にしていた贈位の視野を承久段階まで下げることで、中世の武家(もちろん皇室側の人間)全体を吸収しようとしていることだ。さらに奥州征討での源頼義・義家(ともに大正四年、贈正三位)、元寇での北条時宗(明治三七年、贈従一位)、竹崎季長(大正四年、贈従三位)など対外戦争での〝護国者〟の多くを贈位者に組み込んだことであろう。

おそらく、それは従来の南朝正統主義の浸透が完了することにより「中世の再発見」がなされたと判断される。単に南朝忠臣という枠組みを越えて、中世の武家の始発に回帰したところでの〝もう一つの中世の発見〟だったと、これを解したい。

原勝郎の『日本中世史』から、話がふくらみすぎたかもしれない。が、ここでの結論は、日本における「中世の発見」には二重の〝発見〟があったという点だ。一つはまさに「文明」主義という、世界と平均化(国際化)するために、〝水平軸〟上に浮上した西欧の中世との同居意識である。もう一つは、この〝入欧〟の意識を前提に、「文化」主義が示す一国レベルでの〝垂直軸〟を掘り下げることで、見出された武家の中世にたいする再認識である。この両者は表裏の関係にあったが、明治末から大正そして昭和前期は、この「文化」主義に裏打ちされた国家意識がより鮮明となり、さらに肥大化する過程ということもできる。歴史学のレベルでいえば、「国史」の誕生とは右の事態と対応していたことになる。

### 「ミカドの国」の終焉

大風呂敷を広げつづけるが、わが国が「中世を発見」したとき「ミカドの国」は終わったと考えられる。何度か指摘したように、明治期はその後半以降「文化」主義へと推移するが、万国和親による「文明」主義も、「ミカド」と同居しながら表面上は残っていた。が、明治末期以降は、この「ミカド」的文明主義は消えてしまう。

歴史学の世界にあっては、近世江戸期に胚胎した朱子学的〝合理〟(中国的文明主義)が清朝考証学に連動し、鎖国下に〝点〟として存在した「ガリヴァー」的西欧の〝合理〟と一体となりつつ、近代歴史学の夜明けをむかえた。近代歴史学は明治前期にあって、〝点〟としての西欧を〝面〟として受容することで、考証学の基盤を強固

明治天皇

なものとした。
　明治二〇年代における西欧流の実証史学との接触は、それまでの考証学に「実証」という科学的精神を肉付けすることとなった。この考証史学が実証史学へと自己を転換するにさいし、種々なる〃知恵熱〃が発生した。修史局グループによる抹殺主義に対する反発と、その延長にあった久米事件はこれを象徴するものであった。そして考証史学から実証史学へと脱皮した近代史学は、再度喜田事件において南北朝正閏論争という形で、〃発熱〃をおこしたのである。
　この両事件に共通した相手は、近代明治が等しく学的遺産として継承した名分論に立脚した史学だった。「文化」主義にも連接するこの立場は、民族主義という〃信念〃に支えられた大きなエネルギーを有していた。このエネルギーは、「ミカドの国」の大方針であった万国和親の世界にあっても、徐々に頭をもたげつつ、「文明」主義との均衡を保っていた。その過程で、水戸学的名分論は「忠君愛国」理念を軸に、南朝を正統とする歴史の組み換えをおこない、民族主義の発揚という形で、国家主義と結合していった。

明治末期は、かつての夢であった〝入欧〟を歴史学の世界で、「中世の発見」という形で達成した時期だった。だが、この「発見」は単に西欧中世との歴史的類似性の確認のみならず、「日本」そのものの発見にもつながっていた。幕末に発見された、ささやかな「日本」は、明治における幾つかの「出生証」をへて、〝入欧〟を果たした。そのときに、大きな「日本」へと脱皮するに至った。ここにあって、「ミカドの国」は終焉をむかえるのである。枝葉を切り捨てた形で整理すれば、こんな具合だろう。

それにしても、本書で天皇を「ミカド」の語感で語ったのは、これが世界に平均化するための「文明」主義に合致させたかったからでもあった。要は日本にとっての「文明」とは、中国であっても西欧であっても、〝お手本〟となるべき対象ということだ。近代明治は〝量〟として西欧を受け入れた。そこにあっての「ミカド」的なるものの外的表徴は、洋風化した「天皇」に他ならない（ヒゲをたくわえ、ビールを飲むイメージということになる）。

そのイメージは、むろん以後の近代化の拡大のなかで増幅し、大正さらに昭和へと受けつがれる。だが、少なくとも、日本が西欧の、そして日本自身の「中世」を発見するまでは、「文明」は〝表層〟でしかなかったのではなかったか。この空洞的ともいいうる「文明」主義に、内実としての「文化」——それは「天皇」の語感を代弁させてもよい——が充足する過程が明治の時代だったと解したい。歴史学の世界でいえば、その「ミカドの国」において、「文化」としての「日本」が自己を主張した事件が、明治後期の久米事件であり、喜田事件ということになる。

明治末期以降は、その「文化」主義が〝量〟として「文明」を凌駕し始める段階だった。大正そして昭和に本格化する「文化」主義への転換は、表層としての「文明」主義に基層の「文化」が溶け込み、飽和化され全体として内国（一国）主義に移行したことを意味した。このことは、例えば、大正期に歴史学では部門史が流行し、狭義の「文化史学」が登場するのも、右の流れとは無縁ではなかろう（「文化史学」については、三浦周行『日本史の研究』前掲も参照）。「国史」の誕生とは右のことと表裏の関係にあった。

### 「夢」の拡大の行方——「脱欧入亜」

ついでながら、内国主義についても一言ふれておきたい。かつて大久保利通は明治の初期に「内国勧業博覧会」を催した。明治一〇年（一八七七）にはじめられたこの国内産業振興のための催しは、以後五回にわたり続けられ、明治三六年（一九〇三）をもって終了した。

その「内国」という文字が冠せられた理由は複雑だった。少なくとも、そこには幕末不平等条約による税権の回復が実現されるまでは、外国（万国）の製品を排し、〝内なる国〟において産業の育成＝殖産興業をはかるという目的があったという（この点、國雄行「内国勧業博覧会の基礎的研究」『日本史研究』三七五号）。

この意識の延長は、おそらく「文明」（万国）主義のそれだったのではなかろうか。自国の産業を育成しなければならないとの「内国」意識は、常に「万国」との相対的関係のなかに存在していたわけで、この語が冠せられている限り、「入欧」は夢でしかない。その意味では、この「内国」とは「文明」の〝光源〟を外に求めた段階の明治国家の逆説的表現であったに他ならない。

大久保利通

明治末期は、その「内国」が外された。いうまでもなく税権が回復され、ここにおいて初めて、

「万国」と同一土俵に立ち得たのである。まさに明治の夢の実現だった。真の意味での「内国」化の達成は、この文字が排されることで、実現したとも理解される。この「夢」をさらに拡大するために、それまで外に向けられていた「ミカドの国」のエネルギー（万国文明主義）は、内部に向けられた。この内部の〝光源〟体は、〝皇国〟たる日本の発見として、顕在化することになる。「昭和維新」の語が代弁するように、戦前におけるムードとしての「皇国史観」の登場は、かつての「文化」の象徴でもあった天皇を〝運動〟として〝主義〟として、世界にむけて発揚した段階だったということになる。それは〝脱亜入欧〟から、〝脱欧入亜〟の段階でもある。

大東亜共栄圏にイメージ化される五族協和主義は、〝アジアの盟主としての日本〟を世界にむけて〝輸出〟することに他ならなかった。別言すれば一国的・個別的・民族的「天皇」を世界に表明し、普遍性を持ち得る「文明」の枠組みに押し込み、仕立て上げる行為ということだ。ここにあっては、明治期の小さな夢を実現するための「ミカド」的文明主義は、その残影でしかなくなる。

唐突ではあるが、最後に義経の話をしたい。いわゆる義経＝成吉思汗説にかかわる問題だ。この中世の小さな英雄は、近代になると伝説が肥大化し、海を渡り中国大陸へと渡ってしまう。大正一三年（一九二四）小谷部全一郎《おやべぜんいちろう》による『成吉思汗ハ源義経也』（冨山房）がそれだった。その「あとがき」は次のような文で結ばれている。

「亜細亜は亜細亜人の亜細亜なりと主張するの止むなきに至らしむ。……嘗ては成吉思汗説の源義経を産したる我が神洲は、大汗が鉄蹄を印して第二の家郷となせる亜細亜洲の危機に際し、之を対岸の火視して空しく袖手傍観するものならむや。成吉思汗第二世が、旭日昇天の勢を以て再び日東の国より出現するは、蓋し大亜洲存亡の時機にあるべき耳《のみ》」

この義経成吉思汗説をつうじ導き出されるものが何であったかは、指摘するまでもなかろう（この点、拙著『源義経―伝説に生きる英雄』清水新書、参照）。ここでも歴史の〝掘り起こし〟がなされている。それは中世の義経が、アジアという世界に結合することでの〝再発掘〟である。ここには歴史を愛好する個人の意識を超越した、時代の意識が投影されている。

ここで想い出していただきたい。明治の初期にイギリスに留学した末松謙澄の成吉思汗説との相違についてである（第三章）。すでにふれたが、末松はゼルフィーの

源義経

『史学』を紹介するために尽力した人物だった。リース以前の西欧流の実証史学は、その末松を介し修史館の重野に伝えられた。彼の渡英中に留学先の大学に提出した論文の一つが「征服者成吉思汗ハ日本ノ英雄義経ト同一人物也」だった。東洋の小国日本の自己主張を〝ハッタリ〟を承知の上でしたためた作品だったという。そこには、すでに述べたように開化期明治の〝悲しみ〟も集約されていた。

われわれは義経を材料にしたこの両人の成吉思汗説に注目するとき、かれらが背負った日本という国家に対する認識は、明らかに異なっていた点に気づくであろう。明治初期の末松と大正末期における小谷部の間に横たわる落差に注目せざるを得ないのである。

末松が成吉思汗を持ち出したのは、中国とは異なる日本という国の存在を、西欧の文明国イギリスに示すためであった。いわば日本の存在証明のための手段としての義経＝成吉思汗説だった。だが、大正末期に登場した『成吉思汗ハ源義経也』には、そうした意識はもはやない。「神洲」日本がアジアの盟主として果たすべき「亜細亜人の亜細亜」という意識である。

ここでは西欧はアジアへの敵対物であり、この西欧にかわり「神洲」日本が、「文明」の中心として自己を発揚させる状況も看取できるはずだろう。ここにあっては末松的な義経論に表現されているささやかな「文明」志向は存在しない。同じく「文明」志向ながら大正末期の小谷部的義経論には、〝肥大化〟した一国の「文化」を、「文明」に結合させることで、アジアにこの「義経」を〝輸出〟する意識だった。

〝脱欧入亜〟が語る場面としては、こんなことも頭にうかぶ。歴史学は以後、「冬の時代」に入る。

# あとがき

〝浮気《うわき》がしたくなった〟と、いえば穏やかではないが、本書は私にとっては、その〝浮気〟の産物なのかもしれない。中世史を守備範囲とする筆者には、たしかに荷が重すぎたのではなかったか。そんな思いが、本書を書き上げた今の正直な感想でもある。

だが、歴史学に身を置く者にとって、本書のような内容は、一度は考慮に入れるべき問題なのだろう。裸眼で歴史学の〝身上書〟を語るには、それなりの準備が必要なはずだ。その意味では、近代史学の成り立ちの過程を鳥瞰的に把握するという本書の意図が、どれだけ理解されたのか不安も残る。歴史学と天皇制とのかかわりは、重いテーマであり、避けることができない課題だろう。これに接近するためのささやかな試みとでも、お考えいただきたい。

日本にやって来た例のガリヴァー船長が、江戸の皇帝（将軍）に対し、「踏絵」の儀式の免除を申し出る場面がある。歴史学にとって、「天皇」とのかかわりは、その

「踏絵」にも喩えられないことはない。愚者ガリヴァーを自己に投影させた場合、天皇の問題をどう歴史学に位置づけるのか。「踏絵」の踏み方が不充分との批判もあろうが、そこはガリヴァーと同じく、〝踏んだつもり〟として免除していただくしかないようだ。

もともと、この主題はまとまった形で上梓するつもりではなく、一部を雑誌掲載という形で始めたものだった。近代歴史学の成立事情を大枠として読者に理解していただくことが、そこでの趣旨であり、対象も広く戦前昭和期までも視野に入れるという構想だった。が、編集部の意向もあり、シリーズ〝日本を考える〟の一冊として出版されることとなった。こうした事情で、内容的に〝食い足りない〟部分もあろうが、これは筆者の力量不足として理解していただきたい。

いずれにしても、〝運動論〟から解放されたところで、歴史学の歴史を〝腑分け〟する行為は、やはり困難がともなうようだ。手垢でまみれた「文明」なり「文化」なりを私流に多用しつつ、論を展開してはみたが、これが成功しているかどうかは、すべて読者の判断にゆだねるしかないのだろう。

それにしても、この書物を仕上げるにあたっては、多くの先学の学恩に与るところも大きい。啓蒙書としての性格上、引用参考文献は最小限にとどめざるを得なかったことも、この場をかりて断っておきたい。学恩といえば、中世史家の佐藤進一先生をお訪ねして、南北朝正閏論争問題をはじめ、戦前における歴史学界の動向について種々うかがうことができたことは、大きな喜びであった。あらためてお礼を申し上げたい。

最後になったが、本書の出版にあたっては、編集部の酒井直行・相馬生奈子の両氏にお世話をおかけした。酒井氏の熱意がなければ、これほど早くこの書物が世に出ることはなかったはずである。ともに〝不惑の齢〟を過ぎた者同士が、夜を徹して議論もした。本書には微量ながらその折々のエキスも含まれている。〝不惑〟と〝浮気〟、どう考えても合致しそうもない。不惑に見合う研究領域に戻る時期かもしれないが、もう少し遊びがつづきそうだ。

一九九四年　三月

関　幸彦

# 学術文庫版のあとがき

このたび学術文庫の刊行にあたり『ミカドの国の歴史学』の書名は副題として残した。奇を衒《てら》った表題はいささかアカデミックな場面から遠いことも理由である。今回、あらためて拙著を校正しつつ読み直してみた。文章が走り過ぎ、評論風の叙述も目についた。その他、人名、年号や表記の不統一にも気づかせられた。そのため全体として若干の修正にとどめ原型をそこなうことなく文庫化ができたことは有難く思っている。

書名は『「国史」の誕生』とさせていただいた。「国史」の語感は多義的である。それ故に、そこにある種のぬぐい難い負の観念をイメージするかもしれない。ただ、そのことを織り込みずみで、わが国の〝歴史学の歴史〟の道筋を考える場合、「国史」の語が背負った重みに向き合うことも必要であるにちがいない。そんな想いも手伝って、〝名前負け〟を承知のうえで、とりあえずの書名とした。

それはともかく、拙著の「あとがき」は「一九九四年三月」と記されている。今から二〇年も前になる。そんな歳月がたってしまったのだろうか。そこには「不惑」とか「浮気」とかの語が見えている。自分なりの問題意識の変化や関心の所在を右のような表現でくくったのだった。〝直球〟から〝変化球〟へ球種をふやそうとしたのは、研究上の守備範囲を広げたかったとの想いが強くあったと記憶する。大袈裟にいえば自身がかかわっている歴史学全体を俯瞰したかった。ちょうど『武士団研究の歩み』Ⅰ・Ⅱを書き上げ、史学史的学脈へと広げた見取図を提示したいとの思いが本書執筆の背景にあったと思う。「あとがき」には何もふれなかったが、本書の執筆動機の一つは研究者として自分のおかれている立場（教科書調査官）への始末のつけ方もあった。入省して一〇年を経過した時期で周囲の事情もわかりかけてきたそんな時期だった。本書のなかで歴史学が遭遇した不幸な事件として喜田事件を例にあげたが、その喜田禎吉の立場は自分と半ば重なる仕事でもあり、時代が変わっても似た局面を感じたものだった。

本書を上梓《じょうし》したおり、近世史家で著名な児玉幸多先生よりご連絡をいただいた。筆者が学習院大学で助手をしていた時期に学長職を務められていた児玉先生は、当時は開館間もない江戸東京博物館の館長をされていた。その館長室によばれ、拙著について気恥ずかしいほどのお褒めの言葉を頂戴したことを記憶している。先生は抽象的な史学史よりは、ストーリーが見える史学史的叙述に興味を示され、本書を、中央公論の「国民学術協会賞」に推挙していただくこととなった。その後の経緯については定かではないが、授賞の前提として新書の形で一冊をなすことが求められ、「伝説の中世」というテーマで中央公論社に原稿を提出、賞が正式に与えられた。これが改めて『蘇る中世の英雄たち』として出版されることとなった。思えば児玉先生からの推薦を得たことが次のステップにつながったわけで、『ミカドの国の歴史学』に付随する遥か以前の記憶ながら、忘れられない話である。

こうした個人的感慨は別にしても、専門領域をミクロ的に耕すのみではわかり得ない問題が中世史研究さらには歴史研究の深部にはあるとあらためて考えさせられた。これまでかかわってきた歴史学という学問の履歴を整理することで得られる情報も今後の肥やしとなるとの想いも強かった。歴史学の歴史に真っ向勝負というには力量不足だったかもしれないが、本書を書いたことでの自分なりの〝落前《おとしまえ》〟の付け方は学んだ気がした。

筆のスベリもあったかもしれないし、思い込みでの叙述も少なくなかったが、研究の幅はわずかながら広がったのかもしれない。

あの時期から過ぎ去りし年月を数え、右往左往しつつある自分がここにいる。今もって変わらぬ自身の去し方を思う時、饒舌に語ろうとすればするほど、〝まやかし〟〝ごまかし〟もある気もする。けれどあの頃、その時期に悩み、考えたことの記憶は明らかに蘇えってくる。史学史的な叙述には自らが研究者として内奥に秘した消化の仕方があるはずだ。筆者は中世の武士論をテーマに据えた関係で中世史学史と比較的近い距離にあり、これを〝原資〟に近代歴史学の道程を考える契機を得ることができた。地味な世界ではあるが、読者に歴史学誕生のストーリーを少しでも知っていただければと思う次第である。永遠の〝お蔵入り〟となるところをこうした形で再版していただき、生命を吹き込んでいただいたことは望外の幸でもある。それは筆者にとってというよりは、歴史学にとって喜ばしい限りである。

最後になったが、『武士の誕生』に引き続き、今回の出版に際しても、編集部の梶慎一郎氏のお世話になった。書名の件もふくめ、諸種のご提案をいただき、感謝している。御礼を申し上げたい。

二〇一四年　五月　八日

関　幸彦

本書は、一九九四年に新人物往来社より刊行された『ミカドの国の歴史学』を、文庫化にあたり改題したものです。

関　幸彦（せき　ゆきひこ）

1952年生まれ。学習院大学大学院人文科学研究科史学専攻後期博士課程修了。現在，日本大学文理学部教授。主な著書に『武士団研究の歩みⅠ・Ⅱ』『蘇る中世の英雄たち』『武士の誕生』『北条政子』『東北の争乱と奥州合戦』『「鎌倉」とはなにか』『百人一首の歴史学』『その後の東国武士団』『承久の乱と後鳥羽院』『武士の原像』ほか。

講談社学術文庫

定価はカバーに表示してあります。

「国史《こくし》」の誕生《たんじょう》
ミカドの国《くに》の歴史学《れきしがく》

関《せき》　幸彦《ゆきひこ》

2014年7月10日　第1刷発行
2019年3月7日　第2刷発行

発行者　渡瀬昌彦
発行所　株式会社講談社
東京都文京区音羽 2-12-21 〒112-8001
電話　編集（03）5395-3512
販売（03）5395-4415
業務（03）5395-3615

装　幀　蟹江征治
印　刷　豊国印刷株式会社
製　本　株式会社国宝社
本文データ制作　講談社デジタル製作



ISBN978-4-06-292247-0

# 「講談社学術文庫」の刊行に当たって

これは、学術をポケットに入れることをモットーとして生まれた文庫である。学術は少年の心を養い、成年の心を満たす。その学術がポケットにはいる形で、万人のものになることは、生涯教育をうたう現代の理想である。

こうした考え方は、学術を巨大な城のように見る世間の常識に反するかもしれない。また、一部の人たちからは、学術の権威をおとすものと非難されるかもしれない。しかし、それはいずれも学術の新しい在り方を解しないものといわざるをえない。

学術は、まず魔術への挑戦から始まった。やがて、いわゆる常識をつぎつぎに改めていった。学術の権威は、幾百年、幾千年にわたる、苦しい戦いの成果である。こうしてきずきあげられた城が、一見して近づきがたいものにうつるのは、そのためである。しかし、学術の権威を、その形の上だけで判断してはならない。その生成のあとをかえりみれば、その根は常に人々の生活の中にあった。学術が大きな力たりうるのはそのためであって、生活をはなれた学術は、どこにもない。

開かれた社会といわれる現代にとって、これはまったく自明である。生活と学術との間に、もし距離があるとすれば、何をおいてもこれを埋めねばならない。もしこの距離が形の上の迷信からきているとすれば、その迷信をうち破らねばならぬ。

学術文庫は、内外の迷信を打破し、学術のために新しい天地をひらく意図をもって生まれた。文庫という小さい形と、学術という壮大な城とが、完全に両立するためには、なおいくらかの時を必要とするであろう。しかし、学術をポケットにした社会が、人間の生活にとってより豊かな社会であることは、たしかである。そうした社会の実現のために、文庫の世界に新しいジャンルを加えることができれば幸いである。

一九七六年六月　　野間省一

# 日本の歴史・地理

徳富蘇峰著（解説・御厨 貴）
## 徳富蘇峰 終戦後日記 『頑蘇夢物語』
占領下にあっても近代日本最大の言論人は書き続ける。封印された第一級史料には、無条件降伏への憤り、昭和天皇への苦言、東條・近衛ら元首相への批判と大戦の行方を見誤った悔悟の念が赤裸々に綴られていた！

2300

大濱徹也著
## 天皇の軍隊
兵士たちは「皇軍」に何を期待し、いかに傷ついたか。そして日本人にとって「軍隊」とはなんだったのか。入営から内務教育、戦場体験までの彼らの心情と生活実感を探り、近代日本の「軍隊の本質」を描き出す。

2302

ルートヴィッヒ・リース著／原 潔・永岡 敦訳（解説・関 幸彦）
## ドイツ歴史学者の天皇国家観
近代日本の「歴史学の父」は、静かに暮らす人々を観察し、俗悪な新聞に憤り、濃尾地震に衝撃を受ける。大津事件、日英同盟、日露戦争……。明治という時代と武士道、「大和魂」はどう見え、分析されたのか。

2305

藤田 覚著
## 遠山金四郎の時代
その改革に異議あり！ 天保の改革で奢侈一掃のため寄席撤廃、歌舞伎三座移転を目論んだ老中水野忠邦に対し、真正面から抵抗した町奉行。「いれずみの金さん」の虚実を現存する史料から丹念に明らかにする。

2317

伊藤 隆著
## 大政翼賛会への道 近衛新体制
太平洋戦争前夜、無血革命に奔った群像！ 憲法の改正や弾力的運用で政治・経済・社会体制の変革と一党支配を目指した新体制運動。これを推進した左右の革新派の思惑と、彼らが担いだ近衛文麿の行動を追跡。

2340

落合弘樹著
## 秩禄処分《ちつろくしょぶん》 明治維新と武家の解体
明治九年（一八七六）、ついに〈武士〉という身分が消滅した！ 支配身分の特権はいかにして解消され、没落した士族たちは、この苦境にどう立ち向かっていったのか。維新期最大の改革はなぜ成功したかを問う。

2341

## 日本の歴史・地理

### 江戸の大普請　徳川都市計画の詩学
タイモン・スクリーチ著／森下正昭訳（解説・田中優子）

徳川家は、千年の雅都・京に負けない町を作り出したかった。壮麗な日本橋は、経済の象徴「金座」、時を支配する「時の鐘」を従える。江戸の風景を再現し、その意図を解読する。格好の江戸散策手引書です。

2446

### 皇后考
原　武史著（解説・安藤礼二）

神功皇后や光明皇后と感応しつつ、ナカツスメラミコトたらんと激動の近代日本に時空を超えた「皇后」像を現出させた貞明皇后とは？　天皇制の本質に斬新な切り口で迫り、秘められた扉を開いた記念碑的著作！

2473

### 日本の土偶
江坂輝彌《てるや》著（序文　サイモン・ケイナー）

「土偶」は年代・地域により大きく違う。どこから来て、どのように変容したのか。三〇〇点以上の図版で一万年の歴史を立体的に解説。稲作が広がる前の列島の景色や縄文人の世界観を想起させる、伝説的名著。

2474

### 歴史のかげに美食あり　日本饗宴外交史
黒岩比佐子著

ペリー、明治天皇、ニコライ皇太子、伊藤博文……近代日本の運命は、食卓で決まった！　幕末から明治末まで大事件の主役たちを悩ませた「おもてなし」。当時のメニューを細見し、食の視点から歴史を読み直す。

2477

### 天皇の歴史1　神話から歴史へ
大津　透著

「日本」と「天皇」は、どちらが先に誕生したのか？　卑弥呼と「倭の五王」に遡り、『古事記』『日本書紀』が描く神話の解読と考古学の最新成果から、神武以降の天皇を検証する。大化の改新、律令国家の形成まで。

2481

### 天皇の歴史2　聖武天皇と仏都平城京
吉川真司著

人々の期待とともに即位した聖武天皇を待ち受けていたのは、相次ぐ天災と政変、疫病の大流行だった。苦悩する天皇は仏教に帰依し、平城京は仏都の彩りを濃くしていく。波乱の生涯と、宮都の実像を活写する。

2482